KB060408

종중재산의
관리 및 운용

김찬우·김남기·심재운
한성경·임경숙·박해선

宗中財産

박영사

들어가며

당신은 왜 지금 시점에 종중에 관한 이 책을 손에 들었는가. 현대인들에게 종중은 조상님이라는 말 만큼이나 구태의연하게 여겨지며, 간혹 일상에서 관여되는 일이 생기더라도 대부분 나의 일이 아닌 채 누군가가 대신 업무를 전담하여 처리해주는 것으로 지나쳐버린다.

하지만 판례나 문헌에 의하면 종중은 자연 발생적으로 형성된 종족 집단체로 종중원이 탈퇴할 수도 없도록 되어 있다. 이 말은 곧 우리 대부분은 종중에 속하고 있고 이는 현재 진행형이라는 것이다. 그리고 종중은 현대에서도 사실 활발하게 사회적 유기체로 존재하고 있다는 의미로도 해석된다. 즉 오늘날 종중은 토지나 건물의 소유자로 거래의 주체가 되기도 하고, 행정기관에서 받은 보상금을 보유하거나 배분해주기도 하며, 심지어 적지 않은 소송의 원고나 피고가 되고 있기도 하는 등 엄연한 사회적 주체로서 활동하고 있는 것이다.

그런데 이렇듯 우리와도 밀접하게 관련되어 있는 종중이 어쩌다 이처럼 현대인과는 무관한 것으로, 심지어 구시대의 유물처럼 여겨지게 되었을까. 이러한 물음이 이 책을 집필하게 된 출발점이 되었다.

현대에서 종중은 단순히 과거 조상을 모시고 선조들의 분묘를 관리하며 제사를 지켜 행하는 주된 업무에서 변모하여, 종중의 재산을 적극적으로 관리·운용하고 종중과 관련된 대내외적인 분쟁에 대처하기도 하는 등 그 규모에 따라 여느 단체 또는 기업과도 유사하게 운영되고 있다. 그리고 고령화 시대를 맞이하여 그 역할과 활동은 얼마든지 다양한 형태로 확대·발전할 여지가 있다.

한편 우리는 또 다른 의문을 연속적으로 가지게 되는데, 종중은 그 실체가 무엇인가 하는 점에 대한 성찰이 그것이다. 소송의 당사자로서의 종중은 과연 실체적인 관점에서 누구인가. 종중의 재산의 명의와 실질적으로 운영하고 관리하는 주체는 서로 어떤 관계인가 등등. 이러한 문제들에 대한 해답은 이미 판례와 법학 교과서에 잘 정리되어 있는 듯하다.

오늘날 변모한 종중의 면모에서 생각해 볼 때 이전에 정리된 내용을 막연히 그냥 고수해 나가도 좋을지에 관하여는 다시금 생각해봐야 하는 지점에 와있다고 생각된다. 산적한 종중 관련한 수많은 분쟁, 유사한 사건들이 적재된 소송들이 계속하여 그러한 요구를 하고 있는 것이다.

지금까지 종중에 관하여 시중에 나온 책들은 분쟁과 소송 매뉴얼, 종중재산에 관한 지식으로 국한되어 있었다. 하지만 앞선 질문과 고민들에 대하여 다시금 현재에 걸맞은 종중의 모습과 미래적인 가치를 지향하는 바람직한 형상을 찾아가보는 노력이 필요하다고 판단되었고 고스란히 이 책의 내용을 이루게 되었다.

이 책에는 종중과 관련하여 실무적인 도움이 될 수 있는 내용을 담음과 동시에, 반복적으로 제기되는 종중의 재산 귀속 및 운영 등에 관한 질문에 대해 가장 적절한 해답을 구하는 과정에서 이르게 된 종중의 본질과 원형에 대하여도 비교적 심도 있게 다루고 있다. 이러한 점들은 이 책이 기존의 책과는 차별화되는 측면이라고 본다.

그리하여 일상에서 많은 사람들에게 잊혀버린 종중을 새삼스럽게 알고자 하는 다양한 동기와 고뇌를 가진 독자에게 실질적이고 적절한 안내가 되어줄 것이라 믿는다.

2019년 7월

집필진 일동

추 천 사

우리는 현재를 살아가며 동시대의 많은 사람들과 여러 형태의 관계를 맺고 있다. 이와 마찬가지로 우리는 앞선 조상들과도 과거부터 현재에 이르기까지 관계를 지속하고 있다. 하지만 오늘을 살아가는 현대인들에게 조상이라는 말은 나와는 너무 멀다거나 무관하게만 여기고 있는 것이 사실이다.

그럼에도 자신의 뿌리와 성씨를 중요하게 생각하는 것은 우리 고유의 문화이며, 이러한 측면에서 자연발생적인 종족 단체인 종중은 우리 사회에서 여전히 중요한 의미를 가지고 여러 역할을 담당하고 있다.

우리는 모두 각자의 종중에 속해있고, 종중은 우리가 인식하지 못하고 있는 사이 사회적으로 상당한 영향을 미치며 하나의 유기체로 존재하고 있다. 특히나 부동산이나 금융의 측면에서 종중은 거대한 자산을 소유한 채 막강한 영향력을 행사하고 있고, 돈이 몰려 있는 곳이 의례 그러하듯 상당한 분쟁과 갈등을 안은 채 대내외적으로 많은 송사에 간여되어 있는 것도 현실이다.

이 책은 오늘날 우리가 일상에서 잊고 있다시피 한 종중에 관해 새삼스럽게 풀어쓰고 있다. 이 책을 통해 우리는 그동안 구태의연한 종중의 개념과 본질에서 한 발 더 나아가, 우리가 종중에 대하여 오해하고 있는 몇 가지와 우리가 오늘날 종중에 대해 이렇듯 무관심하게 된 배경까지 조목조목 알려주고 있다.

특히 그간의 연구를 바탕으로 우리 역사에서 종중의 본래 의미와 역할을 정확히 파악하여 종중이 그 본래적 모습의 회복을 강조하고 더불어 미래적인 소명까지 제시하고 있다는 점에서 이전의 종중에 관한 서적과는 차별성을 가지고 있다고 생각된다.

또한 현실에서 벌어지고 있는 종중과 연관된 다양한 갈등과 그 이유를 법적인 측면에서 비교적 쉬운 언어로 자세히 설명하여 이 책을 읽는 독자 누구라도 관련 문제에 대해 쉽게 지식을 얻을 수 있도록 한 점도 커다란 성과라고 생각된다.

여전히 우리 사회에서 중요한 의미와 실제적인 역할을 담당하고 있는 종중에 대해 우리가 이 한 권의 책을 통해 충분한 이해를 얻음으로써, 단순히 종중이 소속한 종중원의 이익이나 종중 그 자체의 영속만을 위한 단체라는 시각에서 벗어나 오늘날 우리 사회에서 담당하고 있는 종중의 역할에 대해 생각해보고 그 공동체적 가치를 실현할 수 있는 방안을 모색하는 계기가 되기를 소망해본다.

이와 더불어 이 책이 과거 일제에 의해 일그러진 우리 종중의 원형을 고민해보고, 나아가 실무에서 여러 가지 문제점이 노출되어 왔음에도 구태하게 고수되고 있는 제도들에 대해 건설적인 비판과 토론의 장을 만들 수 있는 계기가 되었으면 한다. 그리하여 궁극적으로는 새로운 시대에 적합한 법률이 만들어지도록 국민적 공감대를 형성하는 데에 작은 초석이 되기를 또한 기대해 본다.

2019년 7월
박 찬 종

차 례

제 1 장 종중의 기원

제 2 장   종중의 근대법 질서로의 편입

제 3 장 종중의 구조와 법적 규율

제 4 장 종중재산의 귀속과 분쟁

제 5 장　소송을 통한 종중재산 분쟁의 해결

제 6 장　종중재산의 관리와 종중의 미래

제1장 | 종중의 기원

宗中財産의 管理 및 運用

종중의 기원

宗中財産의 管理 및 運用

제1절 종중에 대한 인식 변화와 종중 내 재산분쟁

1. 종중에 대한 현대인들의 인식

제4차 산업혁명 시대를 살고 있는 현대인들에게 종중은 낯선 이름이다. 종중에 대해 조금은 알고 있다고 자부하는 사람들조차 종중은 과거를 상징하는 존재로만 인식되는 경우가 대부분이며, 치열한 일상을 살아가는 현대인들에게 종중은 조그마한 관심의 대상조차 되지 못한다. 그러나 과거 우리 조상들은 종중을 지키기 위해 목숨을 걸고 외세와 싸울 만큼 종중은 곧 우리가 존재하는 의미였으며 우리 삶의 목적이었다.

만약 현대인들에게 과거 종중이 우리 조상들의 삶에서 차지했던 비중과 의미를 애써 설명한다면, 이는 과거 유물에 사로잡힌 고리타분한 사람으로 인식시키는 것과 다를 바가 없다. 오늘날 종중은 우리의 관념에서 벗어나 망각의 저편으로 사라지는 관념이라고 해도 지나치지 않다. 특히 개인주의적 성향이 강한 젊은 층일수록 종중과 자신의 삶은 전혀 상관없는 것으로 생각한다. 이들에게 종중에게 주어진 의무를 강조한다면 돌아오는 반응이 어떠할지 긴 설명을 필요로 하지 않는다.

현대인들의 종중에 대한 이러한 태도는 어쩌면 당연한 것이라고 볼 수 있다. 농경사회에서 산업사회로 사회구조가 변화하면서 종중의 개념이 바뀌기 시작하였고, 종중을 바라보는 현대인들의 종중에 대한 인식 또한 희미해졌다.

과거 조선사회는 농경사회로서 대부분의 사람들은 집성촌을 이루며 살았고, 당연히 혈연관계가 중시되는 사회였다. 혈연관계가 기본적인 사회구조이자 생존의 기반이었기 때문에 그 구심점 역할을 하는 종중의 영향력은 막강할 수밖에 없었다. 게다가 유교를 통치이념으로 삼았던 조선사회에서는 더더욱 그러했는데, 만약 종중의 대표자인 어르신의 명을 거역한다면 이는 곧 죽음을 의미하는 것과 다름없었다. 즉 종중 내에서 종손의 권위는 과거를 살았던 우리 조상들을 실제적이면서 강력하게 지배하였다고 해도 지나치지 않다.

과거 농경사회는 농업을 기반으로 하였기 때문에 육체적 노동력이 핵심적인 생산수단이었고, 많은 자손들을 낳는 것이 중요한 사회였던 반면, 산업사회는 부가가치를 창출할 수 있는 질 높은 노동력을 필요로 하는 사회이다. 따라서 많은 자식을 낳아 기르는 것보다 소수를 낳아 질 높은 교육을 시키는 것이 중요하게 되었는데, 이는 핵가족화의 원인이 되었고, 가족해체 현상으로까지 이어지고 있다.

여기에 유교가 지배했던 조선사회와 달리 현대사회는 기독교, 천주교, 불교는 물론 다양한 종교들이 보급된 다종교사회를 주된 특징으로 한다. 또 유교 외에 다른 종교를 갖지 않는다고 하더라도 의학이나 과학이 발전하면서 현대인이 조상을 인식하는 태도가 달라지기 시작한 점도 종중에 대한 인식을 약화시켰다. 현대인들은 더 이상 조상이 제삿날 찾아와서 음식을 먹고 간다고 생각하지 않으며, 사자를 매장하지 않고 화장을 하여도 집안이 망하거나 절손된다고 믿지도 않는다.

2. 종중 내 재산분쟁

오늘날 종중은 혈연사회였던 과거와 달리 도시화와 산업화로 인해 더 이상 사회구조의 기반도 생존을 위한 핵심적인 의미를 가지지 않는다. 일자리를 찾아 수많은 이들이 도시로 떠나면서 자연적으로 집성촌이 없어지기 시작하였으며, 종중의 중요의무였던 분묘수호는 화장 증가와 함께 불필요한 일이 되어가고 있다. 국내는 물론 해외까지 진출하는 사람들이 증가하면서 종중 일은 종손이 아닌, 종중원들 중 아무나 또는 고향에 남은 부모님들의 몫이 되고 말았다.

화장이 증가하면서 선조가 사망하면 매장보다는 화장을 하는 것을 보다 선호하게 되면서, 분묘수호를 위하여 위답을 가져야 하고 선산을 지켜야 한다는 인식은 산업화 과정을 거치면서 약화되고 있는 것이다. 현대인의 이러한 종중인식은 이제는 종중재산을 정리하는 것이 바람직하다는 쪽으로까지 급격히 변화하고 있다.

종중 일에 대한 관심이 전혀 없었던 종중원들이 뒤늦게 종중에 관심을 보이기 시작한다면, 그 이유는 크게 두 가지 측면에서 찾을 수 있다. 첫 번째 뒤늦게나마 후손으로서 조상의 음덕에 감사하며 자손으로서의 의무를 다하려는 동기에서 비롯된 경우이다. 대개 유교적 전통이 강한 집안에서 태어나 장손 또는 종손의 역할과 의무를 교육받아온 집안의 후손들이 이러한 경우가 많다는 것은 주지의 사실이다.

하지만 유교적 전통이 희박해져 가는 오늘날 자손으로서의 의무감만으로 종중 일에 적극적으로 참여하는 경우는 드물다. 따라서 '두 번째 이유가 좀 더 진실에 가까운 이유가 아닐까'라고 조심스럽게 말하고 싶다. 감히 말하건대 종중원들 중 상당수는 종중의 재산 분배와 처분 등 종중원 사이에 금전적 이해관계가 결부될 때 종중 일에 적극적으로 참여하는 경우가 많다.

이것이 두 번째 이유이다.

농업사회에서의 종중원들은 종중재산을 사불천위토로 여기며 종중전체를 위한 재산으로만 인식하였던 반면, 오늘날 종중원들은 이러한 관념에서 벗어나 자신의 몫이 포함된 공동의 재산으로 인식한다. 이러한 인식 변화는 사회문화적 변화가 반영된 결과이기도 하지만, 국가의 지방산업도로 개발로 인하여 종중재산이 도로로 편입된 경우 종중이 현금으로 도로수용 보상금을 수령하기 시작하면서 강화되었다.

종래 종중 개별로 사용 수익권이 인정되던 것을, 대법원이 국가로부터 받은 도로수용 보상금을 종중원 모두에게 현금배분해야 하는 것으로 판단하면서 많은 이들이 종중재산에 관심을 갖고 종중재산도 하나의 배분권이 있는 재산으로서 인식을 하기 시작하였다. 이러한 인식 변화는 종중재산을 둘러싼 종중원들 간의 분쟁을 폭발적으로 증가시키는 결과를 가져왔다.

3. 종중 내 분쟁의 근원

종중원들이 종중재산에 관심을 보일 때 종중 일에 적극적으로 참여한다는 사실이 우리를 다소 부끄럽게 할 수도 있다. 종중의 목적이 후손으로서 조상의 음덕을 기리고 후손들 사이의 친목을 도모함과 동시에 결속력을 강화하기 위한 것임을 감안하면 종중원들의 이러한 행태는 긍정적으로 해석될 수 없다. 하지만 현대인들이 자본주의를 원칙적인 경제체계로 수용하고 인정하는 사회의 구성원으로서 자신의 경제적 이익을 극대화하려는 것은 개별 경제주체로서의 합리적인 선택이다.

또한 자신의 재산적 이익을 추구하는 것은 우리 헌법이 보장하는 기본권에 해당하므로 일부 종중원들이 경제적 관점에서 종중일에 참여하는 것을 부정적으로 비판만 하는 것 또한 타당하지 않다. 종중원이 종중원으로서의 의무를 다하면서 조상이 남긴 종중의 재산에 대해 권리를 행사하는 것은 자연스러운 현상이기 때문이다.

다만 인간의 탐욕이 극대화되어 합리적 선택이 극단적인 이기주의로 흐르게 되면 사회구성원 간 갈등이 증폭되어 사회가 분열되는 것처럼, 종중 내에서도 종중전체의 이익은 간과한 채 소수 종중원들이 자신들의 이익만을 과도하게 추구하게 되면 종중 내 갈등은 필연적으로 따라오고, 급기야는 종중의 분열로 이어져 종중 내 분쟁이 끊이지 않는 상황으로 치닫게 된다. 안타깝게도 현재 분쟁상황을 겪고 있는 종중들은 그 수를 헤아릴 수 없을 만큼 많다.

물론 종중 내 발생하는 종중재산을 둘러싼 분쟁을 소수 종중원들의 개인적 욕심에서 비롯된 것으로만 볼 수는 없다. 종중 내 종중재산을 둘러싼 분쟁은 일명 '조상 땅 찾기'에서 기인한 측면도 무시할 수 없다. '조상 땅 찾기'란 후손이 과거 자신이 조상의 소유라고 생각되는 토지를 지적정보를 이용하여 확인하고 소유권을 회복하는 것을 의미한다.[1]

'조상 땅 찾기'에는 일제시대 개인소유의 토지를 개인 명의로 사정받았으나 보존등기를 경료하지 못한 경우나, 보존등기를 경료하였지만 6·25 등 사정으로 등기가 멸실된 후에 소유권등기를 회복하지 못한 경우 등도 있으나, 많은 경우 개인 등의 명의로 사정받은 종중 땅 문제도 큰 부분을 차지한다.

종중 내 종중 토지를 둘러싼 분쟁이 끊임없이 발생하는 것은 개인적 욕심이 작용한 부분도 무시할 수 없지만, 무엇보다 종중의 경제적 기반을 무너뜨려 조선을 효과적으로 지배하려 했던 일제의 식민지 토지정책을 보다 근본적 원인으로 보아도 무방하다.

하지만 후술하는 대로 일제의 식민지 토지정책이 조선의 토지질서를 왜곡했다는 역사적 사실은 분명하더라도 우리가 과거 우리 조상들이 종중 전체의 관점에서 종중재산을 운용하면서 조상들의 음덕을 기렸던 종중 본래 모습을 지켜나갔다면 과연 현재와 같은 종중 내 분쟁이 쉽게 발생하지는 않았을 것이다. 누구나 현재를 살고 있는 우리의 뿌리와 그 의미에 대해서 한번 쯤 생각해 본다면 현재 발생하고 있는 종중 내 분쟁에 대해 합리적 대안을 찾아야 한다는 결론에 이르게 된다.

4. 종중 참여의 필요성

오늘날 종중재산을 둘러싼 분쟁은 시대적 변화와 함께 종중에 대한 필요성 인식이 희박해지고 종중원으로서의 의무의식은 약화된 반면, 종중재산에 대한 권리의식은 강화된 데서 비롯된다. 이러한 일련의 현대인들의 약화된 종중인식은 종중재산 분배과정에서 합리적인 방법을 찾지 못하고 분쟁과 소송으로 연결되기 쉽다.

안타깝게도 이러한 문제상황에도 종중의 자율적인 분쟁해결능력은 갈수록 약화되고 있고, 많은 종중원들은 바쁜 일상 속에서 종중문제를 외면하고 있는 실정이다. 그러함에도 불구하고 우리가 종중의 의미와 가치를 외면할 수 없는 데는 우리 모두는 자신도 모르는 사이 여러 종중의 종중원으로서 중첩적으로 속해 있으며, 우리 존재의 근원에 대한 최소한의 해답이 종중문제에 내재해 있기 때문이다. 과거는 현재와 단절된 것이 아니라 현재와 미래와 연결되며 쉼 없이 작동하고 있다.

현실적으로 현재 끊임없이 발생하고 있는 종중분쟁을 해결하기 위해서는 최소한의 전통적인 책임의식과 현대적인 합리성을 갖춘 종중원들의 참여가 절실하다. 개인소유의식이 강한 현대인들은 자신과 관련된 일이 아니면 무관심한 것이 일반적이다. 그러다보니 일반적으로 종중재산에 대한 책임의식이 희박하기 마련이고, 종중재산에 관심 있는 종중원들이나 소수의 종중 임원들에 의해 종중재산의 관리와 처분이 이루어지게 된다.

종중에 대한 무관심은 종중 내 의사결정과정을 통제하기는커녕 절차적 정당성까지 부여하는 기이한 결과를 낳게 된다. 결국 종중 내 소수가 관리하는 종중재산은 주인 없는 재산이 되어 종중전체의 이익을 위해 운용되기보다 소수가 이익을 독점하는 현상이 나타난다.

종중 내 소수가 사익에만 관심을 가지고 자기중심적 관념만을 가지고 종중을 지배하게 되면 비합리적이며 불법적인 종중재산 운용을 막을 수 없다. 이것이 우리가 종중원으로서 종중 일에 참여해야 하는 가장 주된 이유이다. 나아가 우리가 종중 일에 관심을 가지고 합리적으로 참여하려 한다면 종중의 고유한 목적과 미래적 모습에 대한 고민을 놓쳐서는 안 된다. 핵심적인 종중목적은 전통적인 관점에서 찾아야 하며, 미래적 모습은 우리에게 주어진 과제이기에 그러하다.

제2절 종중의 발생과 구성요소

1. 종중의 개념 및 구성요소

우리 대법원의 개념정의를 빌리자면 종중이란 자연발생적인 관습상의 종족 단체로서 공동선조의 분묘수호와 봉제사 및 종중원 상호간에 친목을 목적으로 하는데 자연발생적인 관습상의 종족단체로서 특별한 조직 행위를 필요로 하는 것이 아니고 공동선조의 후손 중 20세 이상의 성인 남과 여는 당연히 그 구성원인 종회원이 되는 것이며 20세 미만은 당연히 종중 구성원이 된다.[2]

즉 종중이란 성姓과 본本을 같이하는 혈연들의 모임을 말하는데, ① '자연발생적 성질', ② '관습상의 종족단체', ③ '공동선조의 분묘수호와 봉제사, 종중원 상호 간에 친목도모' 등을 요소로 한다. 한마디로 대법원 입장을 '자연발생설'이라고 흔히 표현하는데, 후술하는 바와 같이 이러한 대법원 입장이 반드시 타당하다고 볼 수는 없다.

종중은 그 인적 구성요소에 해당하는 종중원과 물적 구성요소로서의 종중재산을 그 구성요소로 한다. 우선 인적 구성요소로서의 종중원은 종중을 구성하는 사람을 의미하며, 이들 종중원들이 모여 종국적으로 종중을 구성한다. 종중은 다른 어떤 것보다 제사봉행과 분묘수호를 목적으로 결합된 단체이기 때문에, 종중원이 모여서 제사를 지내고 분묘수호를 하는 것을 가장 중요한 목적으로 한다.

그러므로 종중의 기원을 확인하기 위해서는 우리나라에서 종중원들이 모여서 하는 제사가 언제부터 시작되었는지 여부를 검토해야 한다. 한편 종중의 물적 구성요소인 종중재산 중 가장 중요한 부분은 묘산과 위토이다. 이 중 묘산은 조상의 분묘를 봉안한 임야를 말하며, 제사를 모시는 데 필요한 비용을 조달하는 위토는 전답이라 한다. 종중재산은 종중소유 재산을 의미하므로 임야로서의 묘산과 위토로서의 전답을 언제부터 종중소유 내지 사용할 수 있었는지를 알아보는 것도 종중의 발생 기원을 추측할 수 있는 중요한 근거가 된다.

2. 종중의 기원

일제하 일본인들은 종중의 발생과 관련해 다양한 학설을 만들어 설명하고자 했다. 동해안지방에 할거하였던 예족의 유물이라고 하는 견해, 삼한시대의 족제에서 연유한 것이라는 견해, 씨족시대의 씨족공유재산에서 연유한다는 견해와 여말선초에 중국에서 전래되었다는 견해 등이 바로 그것이다. 하지만 이들 견해는 그 근거가 희박하며, 일제하 일본인들이 우리나라를 효율적으로 통치하고 억압하고자 만들어낸 학설로서 왜곡하여 만들었을 가능성이 많다고 보는 것이 일반적인 평가이다.

이보다 최근에는 종중은 17세기 이후 우리나라에서 혈연적인 공동체의 생활관계가 형성되면서 만들어진 단체라고 하는 견해나 여말선초 주자학의 도입에서 그 근거를 구하는 견해, 여말선초 유교의 발흥에 부응하여 중국 전래의 종법이나 제사에 준거하여 만들어졌다고 하는 견해 등으로 새로운 근거에 터잡아 주장하는 견해가 있다.[3]

위에서 언급한 것과 같이 종중의 발생을 유추하기 위해서는 종중의 인적 구성요소인 종중원들이 참여하는 제사가 언제부터 발생하였는지를 알아

보아야 한다. 제사라는 것은 종손 등 몇몇 개인들이 참석해 할 수 있는 집안의 행사가 아니며, 제사를 모시기 위해서는 대소가의 많은 구성원들이 모여야 가능하다.

　이러한 측면에서 제사봉행은 곧 종중원들이 모였다는 것을 의미하는 것과 다름 아니고, 이들 종중원들이 종중의 인적 요소로 구성되고 제사공동체로서의 종중 발생과 연결된다. 우리나라에서 조상에 대한 제사의 기원에 대해서는 여러 견해가 있을 수 있는데, 경국대전4에 따르면 조상에 대한 제사는 경국대전이 제정될 당시인 여말선초에 이미 이루어지고 있었다.

　경국대전은 조상에 대한 제사에 대해서 상세하게 규정하였는데, 나라의 국법으로 조상에 대한 제사를 규정한 것을 감안해 보면, 조선개국 후 벌써 조상에 대한 제사는 매우 광범위하게 성행하고 있었다는 것을 추정해 볼 수 있다. 그런 의미에서 종중은 제사공동체의 조직으로서 이미 여말선초부터 존재하고 있었다고 보아도 무방하다. 다만 후술하는 바와 같이 종중이 발전하여 조선시대의 핵심적인 정치사회적 세력으로서의 위치를 공고히 한 것은 여말선초가 아니라 조선중기 이후부터이다.

　이러한 여말선초 종중의 기원주장에 대해 일각에서는 종중의 기원을 16세기 이전으로 소급하는 것은 근거가 희박하다고 비판한다. 이 견해에 따르면 본래 우리나라 풍습에는 대종이나 소종의 종중이 없다는 것을 근거로 제시하고 있다. 이 비판처럼 우리나라에 소종이나 대종의 풍속은 없었지만, 종손이 제사를 지내고 차종손 등은 종손집안에 가서 제사를 지내면서 제사비용을 함께 부담하여 도움을 주는 풍습이 있었다.

　이러한 풍습에 따르면 본래 우리나라에 대종이나 소종이 없었다고 해서 종중이 없었다고 단언하는 것은 타당하지 않다. 오히려 종손을 중심으로 한 제사공동체로서의 조직이 존재했다고 보는 것이 합리적이다. 물론 종중의 기원을 여말선초로 본다고 해서 조선중기 이후 성리학적 통치질서의 강화로 인해 대종이나 소종의 관념이 등장하였고, 양반사회에 종중 중심의 질서가 확대되면서 나온 것임을 부정하는 것은 아니다.

3. 자연발생설의 타당성

종중의 성립에 있어서 자연발생설이란 종중은 공동선조가 사망하는 순간 특별한 조직행위 없이 성립되며 특별한 조직행위나 출연행위로 성립하는 것은 아니라고 하는 것을 말한다. 이를 당연가입론이라고도 한다. 종중을 자연발생적 종족단체로 규정한 것은 1940. 2. 7. 대구복심법원의 문의에 대한 조선총독부 중추원 의장의 다음 회답이 그 시초이다.[5]

대구복심법원은 다음과 같이 세 가지 내용으로 질의하였다.

첫째, 조선에 있어서 종중 또는 문중은 오대조 이상을 공동시조로 하고 제사를 지내는 경우에 한하여 성립하는가. 둘째, 종중 또는 문중의 성립에는 조직행위 즉 출자 제사계속 기타 조직에 관한 협의를 요하고 이가 없을 때에는 종중 또는 문중은 성립하지 않는가. 셋째, 동일인의 자손이 2명 이상 있을 때에는 그 자의 사망과 동시에 제자손諸子孫에 의해 당연히 종중 또는 문중이 성립하는가.

이러한 질의에 대해 중추원 의장은,

먼저, 조선에서 종중은 공동선조의 제사를 영위하고 상호친목도모를 목적으로 하는 종족단체로서 제사를 향유해야 할 신위마다 그 자손의 일단—團을 이루고 종중 성립에 그 오대조 이상인가에 따라 다르지 않으며, 종중과 문중은 동일한 의미이고 보통은 문중은 비교적 적은 종중 특히 고조 이하의 종중을 지칭하는 경우가 많다고 답하였다.

이 외에 회신한 내용을 살펴보면, 종중은 조선관행에 의거하는 종법상의 종족단체이기 때문에 제사를 지내야 할 조고祖高가 있으면 당연히 성립하고 그 후 종자의 세대가 바뀔 때마다 확대되는 것으로 그 성립에 입약문관立約聞官 기타 다른 행위가 필요한 것은 아니며, 그럼에도 불구하고 그 목적수행을 위해서는 자금의 갹출과 관리 및 족인의 회합협의방식 등을 정해두고 편의에 따라서는 소위 종약을 세워서 종회에 관한 규정을 설치하고 그 역원을 선임하는 경우가 있는데, 세간에 들리는 바에 의하면 이러한 종류의 구체적인 종중이 있는가 하면 하등 자재資財도 없고 활동이 없으며, 가끔은 그 존재가 인식되지 않는 것도 있으며 그렇더라도 그 자재資財 없고 활동을 하지 않는 것을 이유로 종중의 존재를 부정할 수 없다고 하였다.

마지막으로 일인에 자 2명 이상이 있을 때에는 부가 사망하면 장자長子가 종자가 되고 부父를 위한 종중 즉 부를 제사지내야 할 형제 사이에 종중이 성립하고 그 후 종자宗子의 세대가 바뀔 때마다 순차적으로 계조繼祖, 계증조繼曾祖, 계고조繼高祖, 계오대조繼五代祖 등의 종중으로 확대되는 것이라고 하였다. 그러나 계繼, 계조繼祖의 종중과 같이 형제 혹은 종형제를 성원成員으로 하는 종족단체는 종족적 단체가 농후해서 종중으로 활동할 필요가 없기 때문에 자문에 의하면 이를 종중이라는 관념이 있을 수 없고 또한 부가 사망하고 자가 1인인 때에는 형제의 종중은 생기지 않는다고 한다. 그렇더라도 그의 독신호주가 있다는 것을 시인하지 않을 수 없는 것과 같이 종자宗子 1인만으로도 관념상 종중의 성립을 인정하여야 할 것으로 보았다.

후술하는 바와 같이 이러한 내용을 담고 있는 중추원 회답에 대해 비판적 고찰이 존재함에도, 비판적 시각은 반영되지 않은 채 '종중은 자연발생적 종족단체'라는 명제는 조선고등법원의 판례를 거쳐 광복 후 현재의 대법원에 이르기까지 그대로 답습되고 있다.

대법원은 "종중은 공동선조의 후손 중 성년 종중원으로 하는 종족집단[6]"이라거나, "성문의 규약이 반드시 존재해야만 하는 것도 아니며[7]", "1971년에 창립총회를 한 사실과 종중의 성립시기가 400년 전이라는 사실은 모순되지 않고 종중원이 10명 이하에 불과하다고 하여도 종중의 성립에 영향을 주지 않으며 공동선조의 사망과 동시에 그 자손에 의하여 성립하는 것으로 대수의 제한이 없다.[8]"라는 입장을 견지하고 있다.

이러한 대법원 판례 태도에 대해 일부에서는 긍정적으로 평가하기도 한다. 즉, 대법원이 종중의 성립시기 및 그 구성원의 자격에 관하여 여타 법인 아닌 사단과 구별되는 특수한 단체라는 점을 인정하면서 공동선조의 후손이면 사회적 신분, 거주지역, 재산의 다과 등을 불문하고 당연히 종중의 구성원이 되고, 선조의 봉제사 등을 신위하여 출연된 종중재산이 종중원들 전체의 의사에 의하여 관리 또는 처분되도록 함으로써 일부 후손에 의하여 종중재산이 처분되어 일실되는 것을 방지한다는 것이다. 동시에 이를 통하여 종중이 일부 후손들의 이익이 아니라 공동선조의 분묘수호와 봉제사 및 종중원 상호 간의 친목도모라는 본래의 목적에 따라 유지·운영되도록 하는 긍정적인 역할과 기능을 해 왔다는 점은 부인하기 어렵다고 하여 대법원 입장을 지지한다.

하지만, 대법원이 취하는 자연발생설은 기본적으로 원시적 종족공동체를 상정할 때만이 가능한 것으로서 종중 역시 유교적 세계관을 기초로 한 문명적 산물로서 혈연적 유대강화를 통한 정치적 집단이라는 점을 감안할 때 타당한 입장이라고 보기 어렵다. 물론 현재 대법원이 자연발생설에 따라 판시하고 있으므로, 이러한 판례의 태도를 충분히 연구하고 대응할 필요는 있지만, 그렇다고 해서 자연발생설이 가지고 있는 태생적인 한계를 외면해서는 안 된다.

자연발생설에 대하여는 다음과 같은 비판이 대표적이다.[9]

첫째, 우리나라 전통상 공동선조의 사망과 동시에 그 후손에 의하여 종중이 자연발생적으로 성립하는 관습법이 존재한다고 보기 어려우며, 특히 사대봉사가 끝나기 전 기제사 대상인 부나 조부, 증조부를 공동선조로 하는 종중의 성립을 인정하는 관습법은 찾아보기 힘들다.

중추원 의장의 회신은 우리의 제사문화와 혈연공동체로서의 종중에 대한 면밀한 연구 없이 자의적으로 해석한 것으로서, 조선의 관습을 보면 사자에 대하여 무조건적으로 종중이라는 결합체가 발생했다는 근거를 찾기 어렵다. 즉 관습법은 사회적 관습의 존재와 법적 확신의 두 가지 요소로 성립한다.

살펴보면 관습상 '종중의 자연발생'이라는 사회적 관행을 실증적으로 확인할 수 없을 뿐만 아니라 부나 조부 등을 공동선조로 하는 소종중이 자연발생적으로 성립하는 사회적 관행은 더더욱 찾아볼 수 없다.

둘째, 종중의 자연발생적 성립을 의제하는 법리는 종중성립의 인위적 측면을 간과하고 자연발생적인 요소만을 지나치게 고려하는 것이므로 현대의 단체법리와 조화를 이룰 수 없다. 이는 '체계정합성'이라는 법해석의 근본문제로 연결된다.[10] 관습법에 의거하여 인정되는 종중성립에 관한 법리가 현행민법상 단체법리 특히 종중의 법적 실체라고 평가되는 비법인사단의 법리와 양립하기 어렵기 때문이다. 이것은 또한 헌법 제10조를 근거로 하는 사적 자치의 원칙에도 배치된다.

사적 자치의 원칙이란 개인이 자신의 의사에 따라 스스로 법률관계를 형성할 수 있다는 원칙을 말하는데, 자신의 일을 스스로 결정할 수 있는 자기결정권에서 파생된 원칙이다. 만약 사람이 자신의 의지와는 상관없이 태어남과 동시에 어느 단체의 구성원이 된다는 것은 인간의 자기결정권을 침해하는 것과 다름없다.

후손이라는 이유만으로 본인의 의지와는 상관없이 일률적으로 종중에 소속되게 하는 것은 개인의 자율성이나 자기결정권을 중대하게 침해하는 것으로 봄이 타당하다. 이러한 현대의 단체법적 측면에서의 비판 외에도 전통적으로 조선시대 종중 형성 과정을 보면 종중원들 간 회합하여 약조를 통해 규약을 만들고, 재산을 형성해 조상을 모신다.[11] 이러한 내용에 따르면 중추원 의장의 회신은 근거 없이 만든 해석으로 종중을 원시적 혈연공동체로 전락시켰다는 비판을 피할 수 없다.

셋째, 자신의 의사와 상관없이 종중의 구성원이 된다고 하거나 임의탈퇴를 허용하지 아니하는 것은 헌법의 소극적 결사의 자유에도 반한다고 할 수 있다. 헌법상 결사의 자유의 입장에서 보면 공동선조의 후손이기만 하면, 그의 의사와 상관없이 당연히 종중원이 된다는 자연발생적 단체설은 소극적 결사의 자유를 침해하는 것이 된다.

조선시대 조상숭배와 제사참여는 후손으로서의 당연한 의무였고, 이를 거부하는 것은 윤리적인 비판은 물론 사회적 존재로서 매장당하는 단초가 될 수도 있었다. 그러나 현대사회에서는 양심의 자유, 종교의 자유가 보장되는 이상 제사를 지낼 것인지, 말 것인지도 본인이 자유롭게 선택할 성질의 것이다. 더구나 제사참여는 물론, 본인의 자발적 의사 없이 종중의 구성원이 된다는 것은 심각한 기본권 침해임이 분명하다.

이 외에도 대법원 입장을 그대로 수용하게 되면 현실적으로 종중의 분쟁을 확대하고 해결하지 못하게 하는 결과를 가져오게 된다. 자연발생설에 의하면 종중원수가 많은 대종중이나 파종중의 경우에는 종중원을 확정하기가 어려울 뿐 아니라 종중원의 소재도 알 수 없는 경우가 많다.

또한 일반적으로 30년마다 족보가 편찬되는데 임시총회를 개최할 즈음 편찬된 족보가 아니라면 전국에 퍼져있는 종중원의 생사를 파악하기란 사실상 불가능하기 때문에 종중총회 개최 자체가 어렵게 될 수도 있다. 만약 종중규약에 의사정족수를 과반수로 규정한 경우 의사정족수를 충족하는 것은 불가능하다고 할 수 있다. 이렇게 되면 임시총회 소집절차의 흠결이 생기게 되며 이로 인한 소송상 분쟁이 발생한다.

설령 적법한 종중총회의 의사결정에 따라 대표자가 적법하게 선출되었다고 하더라도 이를 공시하는 제도가 없어 거래의 상대방은 누가 대표자인지 알 수가 없는 불안한 지위에 빠지게 되어 거래의 안전을 기할 수 없는 문제점도 있다.

한편 대법원은 '타가에 출계한 자와 그 자손은 친가의 생부를 공동선조로 하는 종중에는 속하지 않는다.'고 하는데, 이는 종중이 별도 조직행위를 필요로 하지 않는 자연발생적 단체이고 종중원이 된다는 자연발생과는 부합되지 않는 모순적인 판단임은 명확하다. 즉, 자연발생설로는 입양된 자가 양부소속 종중의 종중원이 되는 것을 설명할 수 없을 뿐더러 본인이 어느 종중단체에 소속되었는지조차 알 수 없는 구성원을 가진 단체란 있을 수 없는 것이다.

게다가 판례에 따르면 종중규약이나 관례가 없으면 현존하는 생존자 중 연고항존자가 종장이나 문장이 되는데 학식과 덕망을 갖춘 연고항존자를 확정할 방법은 더더욱 찾기 어렵다. 이러한 모순점과 비판점이 분명한데도 우리 대법원은 현재도 자연발생설에 따라 판단하고 있다. 정리하면 자연발생적 단체설은 조선총독부 중추원장의 관념 속에만 존재한 것이고 우리의 관습이라고 볼 수 없으며, 법률관계의 적용에 있어서 종중원 자격시비 문제는 물론 단체의사결정에 어려움을 낳는 주요 원인이 되고 있다.

4. 인위적 성립설

종중의 출발점을 살펴보면 종중은 묘제를 지내기 위하여 모인 혈족들 사이에 영속적이면서도 안정적으로 제사를 지내기 위한 방안을 모색하고, 제사비용의 경제적 부담을 덜기 위해 별도의 재산을 출연하거나, 종계를 조직하여 재산을 마련하기 위한 비용을 모으고 부수적으로 혈족 간의 화목을 도모하기 위하여 규칙을 제정하게 된 데에서 시작되었다는 견해가 있다. 즉 혈족 간의 이러한 구체적인 설립행위가 있을 때 비로소 종중이 실제적으로 성립한다는 것이다.

우리나라 제례관습에 따르면 우리 조상들은 종법과 주자가례에 따라 4대조인 고조까지는 가묘(사당)에서 제사를 지내고 5대조부터는 묘소에 신주를 매안하고 1년에 한번 시향을 지냈다. 인위적 성립설에 따르면 이러한 여러 제사를 위해 회합한 종중원들 간 맺어진 인위적 의식에서 종중의 기원을 찾을 수 있으며, 동성동본이라고 해서 의식적으로 구성되는 일종의 사회적 집단인 종중의 구성원으로 당연히 인정할 수는 없다고 봄이 타당하다.

종중의 운영형태를 좀 더 살펴보면 18세기 이후에는 대체적으로 고조를 공동시조로 하는 소종중에서는 자연적인 종족관계의 존재만으로 제사공동체 관계가 실천될 수 있었다. 이에 반하여, 그 범위를 넘는 대종중은 인위적으로 종계를 창설하여야 제사공동체의 실질이 실현되었다. 종중원들의 자유로운 가입탈퇴까지 허용한 것은 아니지만 후손으로 하여금 자율적으로 제사 이외의 목적을 가지고 파종 형태의 단체를 형성할 수 있게 한 점에서 계약적 요소가 존재하였다.

종중의 가장 중요한 목적은 제사를 모시는 것인데, 제사를 지내지 않거나 제사를 지내기 위한 위토도 소유하지 않은 종중은 관념적으로만 존재할 뿐, 법률적인 의미에서는 존재할 수 없다. 종중이 법적인 단체로 인정되기 위해서는 최소한의 조직과 활동이 있어야 하는 것이다. 이처럼 법적인 의미에서 종중이 성립하기 위해서는 조직행위가 필요하며, 이에 따르면 공동선조의 자손이라고 하여 그 의사와 상관없이 당연히 종중원이 된다는 자연발생설은 타당하지 않다.

5. 종중의 소멸

종중은 공동선조의 제사영위 및 상호친목도모라는 목적 수행을 위하여 대내외적으로 단체로서 활동한다. 그런데 만약 아무런 활동도 하지 않고 종중재산도 전무하다면 종중이라고 인정할 수 있는지 의문이다. 이에 대해 조선총독부 중추원 의장은 "이러한 종류의 구체화된 종중이 있지만 재산이 전무하고 활동을 전혀 하지 않아서 외부에서 그 존재를 인식할 수 없는 종중도 있다. 그러나 재산이 없고 활동을 하지 않는다고 해서 종중의 존재를 부정함은 타당하지 않다"라고 한 것을 밝힌 바 있다. 즉 종중재산이 없고 아무런 활동도 하지 않아서 형식상 종중의 존재를 인정하기 어려운 경우라도 종중은 존재하는 것이라고 한다.

이처럼 자연발생설에 의할 때 종중은 공동선조의 후손이 한 사람도 없는 경우에 종중의 소멸을 생각할 수 있다. 아니면 종중총회에서 해산결의를 하여 해산하는 경우를 생각해 볼 수 있다. 판례도 '대저 종중이라 하면 공동선조를 경배하는 자손의 단체를 지칭하는 것인데 호주의 장남으로서 자식 없이 사망한 자를 위한 종중이 근본적으로는 존재할 수 없으며'라고 판시하여 후사가 없을 때에는 종중이 존속할 수 없다고 본다. 즉 종중원이 한 명도 남지 않아 소멸하게 되는 경우는 부가 사망하여 그 자녀들로 구성된 종중이 성립하였는데, 그 자들이 후사 없이 사망한 경우를 생각할 수 있는 것이다.

자연발생설에 따르면 종중총회의 해산결의로 해산한다는 것은 종중의 본질상 허용하기 어렵다. 대법원 판례에 따르면 종중은 공동선조의 사망으로 자연히 성립하고 별도의 인위적인 조직절차를 필요로 하지 않고, 종중원의 자격을 특정지역 거주자나 특정지파 소속 종중원으로 제한할 수도 없으며,[12] 종중이 그 구성원인 종중원에 대하여 그 자격을 박탈하는 소위 할종이라는 징계처분은 비록 그와 같은 관행이 있다 하더라도 이는 공동선조의 후손으로서 혈연관계를 바탕으로 하여 자연적으로 구성되는 종족 단체인 종중의 본질에 반하는 것이므로 그러한 관행이나 징계처분은 위법무효하여 피징계자의 종중원으로서의 신분이나 지위를 박탈하는 효력이 생긴다고 할 수 없다고 본다.[13]

또한 종중의 구성원인 종중원에 대하여 장기간 동안 종중의 의사결정에 참여할 수 있는 모든 권리를 박탈하는 자격정지와 같은 처분들은 소위 '할종'과 다름없는 것이므로 종원이 가지는 고유하고 기본적인 권리의 본질적인 내용을 침해하는 것으로서 그 효력을 인정할 수 없다.[14]

이처럼 대법원이 종중은 자연발생적으로 성립하고 그 구성원에 인위적인 변경과 제한을 가하는 것을 허용하지 않는 것은 일관된 태도라고 할 수 있다. 그렇다면 비록 종중 총회의 해산결의가 있었다고 하더라도 자연발생한 종중을 인위적으로 소멸시키는 행위는 불가능하다는 것이 논리적이라고 본다. 물론 대법원 판례 가운데에는 간접적으로 종중의 해산에 대하여 다룬 판례가 있기는 하지만, 그 내용이 명확한 것은 아니다. 그 판례 내용을 소개하면 다음과 같다.

종중총회에서 "원고종중을 비롯한 어떤 명칭의 종회도 발전적으로 해산한다."는 결의를 한 사안에서 종중의 해산이 가능한지 여부에 대해서는 판단하지 않고, 해산결의를 한 이 종중총회가 종중규약에 따르지 않고 정당한 소집권자에 의하여 소집하지 아니하였음을 들어 그 총회에서 한 위와 같은 결의 등이 아무런 효력이 없다고 판단하였다.[15] 동 판례에 따르면 마치 종중규약에 따라 정당한 소집권자에 의해 소집이 되었다면 종중해산결의도 유효할 수 있다고 해석할 수 있다.

또한 대법원 2010. 5. 13. 선고 2009다101251 판결은 '사단법인은 사원이 없게 되거나 총회의 결의로도 해산한다.'라고 규정한 민법 제77조 제2항을 근거로 비법인 사단인 종중의 경우에도 종중원이 남아 있거나 총회에서 해산결의가 이루어지지 않은 이상 종중이 사실상 운영되고 있지 않다는 이유만으로 종중의 성립요건을 결하였다고 볼 수 없다고 하였는데, 이러한 동 판례의 입장에 따르면 적법하게 소집된 종중총회에서 이루어진 종중해산결의에 따라 종중이 해산될 수 있는 것처럼 해석된다.

그러나, 종중의 성립에 대해 자연발생설을 취하고 있는 대법원 입장에 따르면 인위적인 해산결의에 따른 종중해산을 인정하는 것은 논리모순이다. 물론 종중 성립에 대해 인위적 성립설을 취한다면 종중성립은 물론 종중해산 역시 구성원들인 종중원들의 자율적 선택에 따라 종중해산이 가능할 것이다. 여기에서도 대법원이 취한 자연발생설의 한계를 다시 확인할 수 있다고 하겠다.

6. 종중의 물적 구성요소

종중은 종중원이 모인 혈연공동체이자 제사공동체로서 비법인사단에 속하지만, 종중의 물적 요소로서 종중재산이 존재하여야 함은 당연하다. 논리적으로 판단해 보면 종중재산이 형성되기 위해서는 전답이나 임야 등 종중소유의 인정 전 사적 소유를 인정하는 것이 필요하다.

종래 토지왕토사상에 근거하면 조선시대와 같은 전근대시대에는 오직 왕만이 토지국유론에 따라 토지소유권을 가졌을 뿐, 양반과 백성들은 토지소유권을 갖지 못하였다. 즉 양반과 백성들은 왕으로부터 하사받은 토지를 사용하는 데 그치는바, 이러한 해석은 수직적인 신분질서와 고정된 계급적 역할을 강조하는 유교적 질서에서는 당연하다고 인식되어 왔다.

이처럼 조선시대 토지질서에 대한 왕토사상에 근거한 해석은 적어도 근대법적 법질서 관점에서 보면 어쩌면 당연한 해석이다. 근대법적 법질서는 적어도 개인의 자유와 권리 중시, 그리고 자유주의에 기반한 사적소유권 인정을 핵심적 이념으로 담고 있기 때문이다.

조선시대는 유교적 정치이념, 전근대적·봉건적 신분질서, 초기 형태의 상업 내지 공업단계를 특징으로 하고 있기 때문에 근대적 사법체계로 해석하게 되면 근대적 개념의 사적소유권을 우리 역사에서 찾고자 해도 찾을 수가 없다. 이러한 해석적 간극은 특정 주제를 역사적으로 해석함에 있어서 종종 발생한다. 종중의 물적 요소 역시 동일한 해석상 간극 문제가 발생하는데, 과연 근대적 관념의 토지소유질서가 없다고 해서 조선사회 내에 사적소유권의 관념이 인정되지 않았다고 볼 수 있는지는 의문이 든다.

토지에 대한 조선조의 법령이나 왕조실록을 살펴보면 토지의 사유화가 이미 조선 초부터 어느 정도 진행되고 있었다. 조선 초기 과전법은 전답에 대하여 "경작자는 그가 경작하고 있는 토지를 다른 호의 사람에게 마음대로 팔거나 함부로 줄 수 없다."고 하여 전답매매를 법적으로 금지하였다. 이러한 규정은 사전 전주의 수조권을 보호하기 위한 것이고, 경작자에게 경작권만을 인정하고, 그 경작권도 전답을 놀리지 않고 경작할 때 인정되는 것이라고 해석하는 견해도 있으나, 이는 사인 간의 전답매매의 대상이 경작권일지라도, 이미 전답매매가 성행하고 있었고, 이 때문에 사인간의 전답매매를 단속하고자 금지법을 두고 있었다고 봄이 타당하다.[16]

이는 근대적 소유권의 개념이 없었던 시기라서 지금과 같은 소유권개념을 대입시킬 수 없지만, 어쨌든 전답매매가 성행하고 있었고, 전답매매로 발생할 수 있는 토지제도의 붕괴를 막고자 법령으로 이를 금지하고 있는 것이라고 해석할 수 있다. 전답매매가 금지되었을 정도이면 매매의 대상인 전답에 대한 사유화 인식은 당연히 있었다고 보아도 무방하다고 본다.

나아가 15세기에 들어오면 공식적으로 전답매매가 인정되기에 이른다. 이는 전답에 대한 사유화가 상당히 진행되고 있었다고 보여주는 것으로서 공식적인 실록기록 이외에 개인 간의 토지매매문건인 文記로서도 확인이 가능하다.17 이처럼 조선 초기부터 개인 간의 전답매매가 가능하였다는 것을 조선실록과 문기를 통해 확인할 수 있다. 이를 근거로 조선 초기부터 이미 사회 내에서는 전답에 대한 사유화가 진행되고 있었다고 봄이 타당하다. 이러한 이유로 전답의 위토로의 전환은 가능하게 되었으며, 종중재산의 형성으로 연결된다고 볼 수 있다.

더욱 종중재산의 형성은 조선 중기 1592년 임진왜란 이후 토지제도의 문란과 더불어 급격하게 진행되었다. 특히 임란 이후 토지개간이 활성화되면서 무주전, 진황전, 기간전에 소유권이 형성되었다. 조정에서도 전쟁으로 피폐해진 토지의 생산성 향상과 농지확보를 위해 17세기 중엽까지 면세정책을 실시하면서 개간을 적극 장려하였다. 진황지의 경우는 새로 경작하는 경우에 2년간 세금을 면제해 주기도 하였다.

무주전이나 진황지 개간은 신분차별이나 지위고하가 없을 만큼 광범위하게 이루어졌다. 갑술양전에 무주전에 이름을 올린 자는 소유자로 인정되었고, 소유자로 인정된 후에는 자유로이 매매가 가능하였다. 이처럼 사회경제적 변화로 인해 종중은 종중재산의 형성이나 재산 축적을 할 수 있었는데, 이러한 현상은 여말선초부터 시작되어 임진왜란 이후에 특히 성행하였다고 할 수 있다.

종중재산의 또 다른 부분을 차지하고 있는 묘산 등 임야에 대한 사유화 역시 살펴보자. 임야는 전답과 달리 매매형태가 아니라 입회권의 형태로 부락이나 종중 등의 단체가 집단적 형태로 사유화하였다. 경국대전 형전 금제에는 "사사로이 시장, 초장을 차지하는 자는 모두 장 팔십에 처한다."라고 하여 풀밭과 땔감나무를 하는 곳을 개인적으로 점유하여 독점하게 되면 장 80대의 엄한 중벌에 처한다고 규정한다.

여기에서 시장과 초장은 임야를 말하고, 이는 임야에 대한 개인의 점유가 이미 이루어지고 있음을 전제로 하여 이를 금지하고 있는 것이라고 보아야 할 것이다. 이러한 시초장 사점금지에 대한 위반 여부는 조선왕조 내내 문제가 되었다.

조선왕조실록은 물론 임야에 대한 사유화는 금송계에서도 확인된다. 전남 나주시 금안동 금송계는 가장 오래된 송계기록이다. 이에 따르면 1715년에 작성된 금안동 금송계는 1681년 향약상계안에 적시된 금송에 근거하여 마련된 것으로 이미 그 이전부터 내려온 금송향약의 내용을 따르고 있는데, 이는 입회권의 형태로 유지되어 왔다.[18]

이러한 내용을 볼 때 이미 조선초부터 임야에 대한 사유화도 진행되고 있었다고 보아야 한다. 조선왕조는 1676년(숙종 2년)에 丙辰年受敎를 내려 국가가 직품이 없는 양반인 소위 '無步數之人'의 분묘를 보호하였다. 이는 임야를 사점할 수 있는 권한이 고위 양반층인 步數之人에서 직품없는 양반인 無步數之人으로 확대되었음을 선언한 것이다. 또한 양반이 아닌 평민도 묘산을 보호받을 수 있는 법적 근거가 존재하였는데 1718년(숙종 44년) 戊戌年受敎이 바로 그것이다.

위에서 살펴본 바와 같이, 종중은 우리나라 고유한 제도로서 구성원인 종중원의 회합과 종중재산의 형성으로 만들어졌다. 종중원의 결집은 여말선초 성리학을 통치이념으로 삼은 데서 보편화된 것으로 제사가 후손의 당연한 의무로 여겨지면서 자리잡게 되었다. 종중재산의 형성과 축적 역시 조선 초기부터 전답과 임야에 대한 사유화가 인정되고 확대됨에 따라 위토와 묘산으로 전환될 수 있었다고 본다.

이처럼 조선 초기부터 종중원의 회합과 종중재산의 형성으로 종중이 발생하였고, 1592년 임진왜란 이후 조선 후기로 오면서 토지제도의 문란과 송계와 산송의 증가로 종중재산의 축적이 빠르게 이루어졌고, 이를 기화로 하여 종중이 활발하게 발전할 수 있었다.

제3절   성리학적 사회질서와 종중의 발전, 그리고 현재

1. 성리학적 사회질서

우리나라는 세계 어디에서도 찾아 볼 수 없을 만큼 혈연공동체의 역사가 깊고, 특히 종중 중심의 질서는 임진왜란 후 조선 후기로 들어오면서 더욱 강해졌다. 즉 종중은 조선고등법원판결에 의하여 새롭게 형성되었거나 창설된 혈연공동체가 아니라 이미 조선시대 초기부터 성립되어 17세기부터 왕성하게 발전하여온 우리나라의 전통적 결사체이다.

과거 우리 역사서를 보면 고대부터 제사를 지냈다는 기록이 등장한다. 그러나 여기서 말하는 제사의 대상은 하늘님 또는 천지신명, 즉 자연을 숭배하는 토테미즘적 성격의 종교적 행사라고 봄이 정확하다. 오늘날 보편적으로 인식되고 있는 조상에 대한 제사는 아무래도 여말선초 불교적 통치질서가 붕괴되고 성리학이 새로운 통치질서로 수용되어 유교적 관념이 보편화되면서 자리잡은 것으로 봄이 타당하다.

유교적 통치질서란 왕도 정치, 덕치와 민본 등을 기본적 이념으로 삼는다. 이에 따라 조선시대의 왕과 양반들은 유교에 대한 깊은 지식을 가져야 했고, 평생 유교를 공부해야만 했다. 조선의 왕들은 왕도 정치를 실현하고자 모든 의례와 제도를 유교식으로 고쳤고, 왕부터 백성에 이르기까지 유교 윤리를 일반화시키고 생활화시켰다. 흔히 삼강오륜이라 일컬어지는 규범은 조선사회를 지배했다.

이에 따라 임금과 신하(君爲臣綱: 군위신강), 어버이와 자식(父爲子綱: 부위자강), 남편과 아내(夫爲婦綱: 부위부강)는 마땅히 지켜야 할 도리를 지켜야 했는데, 각각 충, 효, 열을 의미했다. 오륜은, 부모는 자녀에게 인자하고 자녀는 부모에게 섬김을 다하며(父子有親: 부자유친), 임금과 신하의 도리는 의리에 있고(君臣有義: 군신유의), 남편과 아내는 분별 있게 각자의 할 일을 다하며(夫婦有別: 부부유별), 어른과 어린이 사이에는 차례와 질서가 있어야 하고(長幼有序: 장유유서), 친구 사이에는 신의가 있어야 한다(朋友有信: 붕우유신)는 것을 의미했다.

유교에서는 제사를 중요시한다. 과거 종교적 의미로 행해진 제의는 기복행사祈福行事적 성격을 띠었지만, 유교의 제의는 윤리성과 도덕성을 기반으로 하였다. 즉 유교의 제의는 대가나 보상을 요구하는 구복求福으로 연결되지도 않는데, 주술적 요구를 배격하고 세속 세계를 도덕화하는 것을 목적으로 했다. 조선시대 유교로 무장된 양반에게 있어서 제사란 단순히 산 자의 죽은 자에 대한 도리에 그치는 것이 아니라 현실적인 윤리의 실천이자, 덕을 달성하고자 하는 의지의 표현이었다.

이처럼 성리학적 질서의 형성은 사대부라 일컬어지는 양반들로 하여금 유교적 가치를 실천하도록 하는 요인이 되었다. 이제 양반들은 효와 충이라는 명분으로 무장하게 되었고, 가문의 결속력은 한층 중시되었다. 단순히 처음에는 유교적 가치를 지향하는 것처럼 조상에 대한 공경과 음덕을 기리는 순수한 형태의 제의가 이루어졌을지도 모른다. 그러나 시간이 지나면서 차츰 제사의 주된 목적이 가문 간 결속을 다지며 누구의 자손인가를 확인하는 자리로 변화되었다. 사회적 명망과 출세를 결정짓는 핵심적 이유가 자신이 속한 가문의 영향력에서 나왔기 때문이다.

2. 계보의식의 강화

조선 초기를 지나 중기가 되면서 종중이 강력하게 성행하게 된 것은 유교적 가부장적 질서의 강화에서 주된 원인을 찾을 수 있다. 조선 초기만 해도 제사는 아들과 딸이 번갈아가면서 모시는 경우가 많았고, 재산상속 역시 아들과 딸에게 공정하게 이루어졌다.[19] 하지만 부계중심의 계보의식이 강화되면서 종중은 같은 성씨를 쓰는 남성들의 결속체로 변화되어 갔다. 계보의식의 강화는 자신이 속한 가문에 대한 자부심의 표현이고, 자신의 정체성을 설명하는 주된 사회적 기제로서 긍정적 측면이 있음 또한 부정할 수는 없으나, 현실적인 이유 역시 크게 작용하였다.

부계 중심의 종중질서의 강화는 아무래도 장남의 역할을 중시하는 유교적 영향이 미친 영향이 크다. 동시에 조선 중기 이후 생산력 향상으로 양반 인구가 증가하면서 가문의 재산이 유출되는 것을 방지하려는 본질적 욕구도 함께 작용하였다. 한편 이러한 가문 내 요인 외에 양반 인구의 증가는 양반들로 하여금 필연적으로 입신양명의 기회를 갖기 어렵게 만들었다. 사회경제적으로 양반사회가 커지면서 부와 권력을 차지하기 위한 가문 간 경쟁이 격화되었으며, 이는 우리와 타 집단을 구별 짓는 현상을 가속화시켰다.

본래 유교적 통치질서는 능력만 있으면 출신을 가리지 않고 등용하는 것을 지향한다. 그래서 원칙적으로 조선시대의 과거제도는 시험에 의한 인재 선발이라는 가장 큰 장점을 지닌 것으로 평가된다. 그러나 실제로 과거 응시자격이 있었던 양인이 과거에 급제한 경우는 사실상 전무하였다. 과거에 급제하기 위해서는 오랜 기간 학업에 정진해야 하는데 일반 양인들의 경우 경제적으로 학업에만 매진하기란 불가능하였고, 양인들은 질좋은 교육을 받을 수 있는 기회조차 가지기 어려웠기 때문이다.

조선 초기 양반의 숫자가 전인구 중 1% 정도에 불과할 때에는 양반계급에 속하기만 하면 누구나 낮은 직급의 관직이라도 진출이 가능하였다. 그러나 조선 중기 이후 양반인구 증가로 양반이라는 이름만으로 입신할 수 있는 기회가 쉽게 찾아오지 않게 되면서 소위 명문가 중심으로 지배계층이 재편되었다. 당쟁으로 일컬어지는 붕당정치는 본래 정치적 지향점에 근거한 명분론을 둘러싼 대립이었으나, 조선 중기부터는 정치적 지배권을 획득하는 대립으로 성격이 변화되었다.

그렇다면 당시 양반들에게 우리가 속한 가문의 기원이 누구이며, 현재 우리 가문이 가지고 있는 영향력, 그리고 앞으로 우리 가문이 어떻게 정치적 영향력을 획득할 것인가는 중요한 문제일 수밖에 없다. 여기에 우리 가문을 지키기 위한 결속력 강화는 필연적인 전제로 작동한다. 이러한 생사여탈과 관련된 현실적인 이유가 종중의 발달과정에서 크게 작용했다는 것을 부인할 수는 없다.

3. 종중재산의 축적

종중의 물적 요소인 종중재산의 축적도 종중의 발전과 밀접한 연관성이 있다. 위에서 언급한 것처럼 토지사유화가 조선 초기부터 형성되기 시작하여 임진왜란 이후 토지제도의 문란과 상업자본의 출현으로 진행되면서 17세기 이후부터 종중재산도 매우 활발하게 형성되었다.

종중재산은 개인이 출연하여 형성되는 경우도 있고, 종중원 몇 사람이 공동으로 출연하여 형성되는 경우가 있었다. 일단 종중재산으로 편입되어 형성되고 나면, 아무리 종손이라도 종중재산은 함부로 처분할 수 없었다. 참고로 종중의 종손은 족보상의 적통에 의해 당연히 정해지는 것이고 선출에 의해서 정해지는 것은 아니다.

조선시대에는 종중원의 재산과 종중재산은 엄격히 구분되고 있었고, 종중재산이 종중원의 단독소유냐 아니면 종중재산이냐 하는 종류의 다툼은 없었다고 한다. 종중재산은 조상에 대한 분묘수호와 제사봉행을 계속하도록 하는 목적에만 사용되는 것으로 제공된 목적재산이고, 따라서 종중재산은 오로지 분묘를 관리하고 제사봉행을 위해서만 이용되었다. 물론 종중원들은 길흉사시에는 경제적으로 상호부조하기는 했지만, 평상시에는 곤궁하더라도 상호부조하는 일은 드물었고, 종중재산은 본래의 목적이 아니기 때문에 종중원의 구제 목적에는 거의 사용되지 않았다.

종중재산은 이처럼 종중원 1인이 기부하여 형성된 경우도 있고, 종중원 여러 명이 공동 기부하여 형성된 경우가 있다. 보통 유력 집안에서는 입신양명한 인물이 등장하여 왕으로부터 토지를 하사받게 되면, 하사받은 토지 중 일부를 종중에 기부하는 경우가 일반적이었다. 종중재산은 본질적으로 분묘수호와 제사봉행이라는 종중의 목적을 감안할 때 영원히 하여야 하는 단체적 속성을 가지고 있는 이상, 일단 종중재산으로 편입되면 종손이거나 종중원 모두가 찬성하더라도 불천위토로서 처분할 수 없다고 여겨졌다. 물론 이러한 전통적 관념은 오늘날 희미해져 가고 있다.

4. 인적 결합의 약화와 종중재산의 향방

앞으로 종중은 어떻게 변화할 것인가. 이 문제는 현재 종중의 모습을 보면 쉽게 예측이 가능해진다. 오늘날 종중의 모습을 보면 일부 고령의 어르신들만 종중일에 적극적으로 참여하는 것이 일반적이다. 종중의 선산이 잘 정비되어 있거나 기존의 종중재산을 수익형 자산으로 전환시킨 종중이라고 하더라도 소수 관리하는 임원 외에 대부분의 40, 50대 종중원들은 자신의 생업에 쫓겨 종중일에 대해 관심조차 보이지 않는 등 대부분의 종중이 비슷한 양상을 보이고 있다.

조심스럽게 예측해 보건대 미래의 종중은 인적 결합의 정도가 의미 없을 만큼 약화될 것이고, 종중재산만 남는 기형적 존재가 되지 않을까 한다. 물론 현재도 종중원간 결속력이 강하고 종중재산을 분묘수호와 제사봉행이라는 종중의 본래 목적과 종중원들을 위해 사용하는 소수의 알찬 종중이 존재한다. 하지만 젊은 층으로 갈수록 종중에 대한 개념조차 없는 것이 사실이고, 이러한 시대적 흐름은 종중의 가치를 외쳐본들 거스르기가 쉽진 않다.

종중은 혈연관계를 기초로 한 법인격 없는 인적 결합체이다. 종중원이 참여하지 않고 관리하지 않는 종중을 상상해 보면, 비록 판례가 자연발생설에 따라 종중의 실체를 인정한들 현실에서 참여 없는 종중이 어떤 의미를 지니는지 의문이다. 결국 전통적 의무감과 현대적 합리성을 지닌 종중원들이 참여하는 것이 바람직한 대안이지만, 쉬운 일이 아니다. 이것이 바로 종중에 대해서 우리가 직면한 문제상황이다.

도덕적 의무감만으로 강요할 수 없는 참여와, 그러함에도 불구하고 우리가 아니면 할 수 없는 혈족으로서의 전통적 의무감, 여기에 마치 주인 없는 자산처럼 버려진 것 같은 처분과 관리를 기다리고 있는 종중재산까지,

어디 하나 쉬운 구석이 없다. 선택권은 중첩적으로 종중에 속해있는 우리 자신에게 있다.

제4절 종중의 두 얼굴

1. 조선시대 정치체계의 하위구조로서의 종중

시대와 공간을 넘어 모든 정치적 지배집단은 통치의 효율성 극대화를 위해 정치체계를 설계한다. 조선사회 역시 고려말기 직면한 악습과 폐단을 극복하고 유교적 이상향을 실현하기 위해 나름대로 합리적 정치체계를 모색하고, 긍정적·부정적 다양한 평가가 있을 수는 있으나, 약 500년간 나라를 운영하는 근간을 마련한다. 즉 유교적 정치이념을 구현하기 위해 구체적으로 예치주의, 정명주의, 가부장적 권위주의, 유가적 이념 관료정치 등을 표방한다. 이와 함께 신분제와 과거제를 통한 관료충원, 종중공동체와 유림공동체의 활용을 하위체계로 삼는다.[20]

이 중 우리가 다루고 있는 종중공동체는 같은 성씨의 친족적 유대를 가진 집단적 결사체적 성격을 뛰어넘어 종법질서를 기반으로 한 유교사회 이념을 구현하는 데 일조한다. 즉 종중공동체는 가족 내 유교적 가치질서를 확대 및 재생산하는 역할을 담당함으로써 조선사회 정치질서를 유지하는 데에 큰 기여를 하였다. 또한 당쟁과 족벌세도 정치과정에서 유력 명문가 중심의 이합집산과 세력화는 당연한 현상이었고, 이러한 가문 중심의 정치질서의 고착화는 필연적으로 종중 내 끈끈한 결속력을 필요로 하였다. 조선시대의 양반들은 과거제를 통한 입신이든, 음서제를 통한 관료진출이든, 승진이든, 고관이 되는 것이든 자신이 속한 가문의 영향력으로부터 자유로울 수 없었다.

2. 종중의 긍정적 측면

종중은 같은 성씨의 친족적 유대를 가진 집단적 결사체로서 먼저, 농경사회에서 필요한 공동체적 유대감과 협동력을 강화한다는 점에서 매우 긍정적이다. 이는 또한 외부세력이 공동체의 위협으로 작용할 때 공동체를 지키는 큰 원동력으로 작용하는데, 임진왜란 등 대규모 전란이 발생할 때 긍정적 에너지로 작용하곤 한다.

아울러 종중은 유교적 종법관념에 따라 유교적 질서를 강화하고, 질서순응적 규범체계를 구현해 사회안정에 기여하는 측면 또한 매우 크다. 유교적 이념은 현재의 관점에서 보면 다소 비민주적이고 계급적인 질서로 인식되기는 하지만, 전란과 지배계급의 부패, 혼란으로 무질서했던 고려 말기의 문제점을 해소하는 데에 있어서 유교적 통치이념이 사회안정화에 기여한 부분을 간과할 수는 없다.

또한 종중은 개인으로 하여금 자신의 뿌리에 대한 자부심과 사회적 존재로서의 정체성을 강화하는 데 기여한다. 인간은 모름지기 자신의 존재성에 대해 항상 의문을 품을 수밖에 없으며, 완벽하지는 않더라도 자신의 뿌리에 대한 궁금증 해소는 자신의 존재성에 대한 유의미한 기제로 작동한다. 이는 또한 사회적 존재로서 자신을 설명하는 매우 좋은 수단이 된다.

마지막으로 종중공동체는 조상에 대한 제사봉양을 통해 하늘과 인간의 관계를 해석해나가는 종교적 철학적 실천기회를 부여한다는 점에서 긍정적이다. 유교에 있어서 제사란 단순히 자신의 복을 구하는 저차원적 종교행사가 아니다. 제사란 도덕적·윤리적 실천을 하는 장이자 타인과의 관계 형성을 통해 우주의 질서를 실천하고 탐구해나가는 과정이기 때문이다.

3. 종중의 부정적 측면

위와 같은 긍정적 측면이 있음에도 종중공동체는 많은 부정적 평가가

뒤따른다. 우선 혈연공동체를 통한 정치세력화는 우리 사회의 대의실현을 저해하는 주요 원인이 되었다. 한국적 정실주의와 비합리적 파벌주의는 종중 중심의 사고관에서 나왔다고 해도 과언이 아님은 주지의 사실이다.

나아가 이러한 비합리적 혈연에 의한 구별 짓기는 현대 대한민국의 가족이기주의라는 왜곡된 형태로 변화하였으며, 일제 독립운동의 한 축이었으면서도 가문구성원으로서의 의무와 가문의 안위라는 한계로 인해 궁극적으로는 독립운동의 축에서 탈락하는 경우가 많았다.

게다가 종중은 동일 선조를 기초로 성립하는 혈연공동체이다 보니 아무래도 미래지향적 발전적 사고보다는 과거지향적 사고에 머무르게 하는 측면이 강하다. 자신의 조상의 공덕을 기리고 기억하는 것을 통해 오늘을 사는 지혜와 미래에 마주할 문제를 대비하는 혜안을 얻지 못하는 경우가 비일비재하다. 우리 조상이 누구라는 식의 관념에 갇히게 되면 개인적으로나 사회적으로 퇴행적 양상을 띨 수밖에 없다.

그리고 종중은 전통적으로 유교적 질서에서 나온 유교문화의 산물이다. 일각에서는 휴머니즘적 유교적 가치가 제대로 이해받지 못한 데서 비롯된 오해라고 강변하지만, 유교자체가 순응적 도덕의식, 남성 중심의 가부장적 질서, 수직적 계급적 요소가 있음 또한 부정할 수 없다. 수평적인 인간관계를 기초로 하는 현대 민주주의적 가치질서를 통해 종중 운영이 개선되지 않는 한 종중의 부활은 더는 기대할 수 없다.

4. 종중의 미래

우리는 지금 종중의 미래를 논하기 위해 종중의 기원, 현재 종중 내 발생하는 분쟁, 그리고 그러한 종중 내 분쟁의 양상 및 원인, 종중 분쟁의 해결방안 등을 찾고, 종중분쟁을 궁극적으로 막기 위한 방법들을 모색하고자 한다. 종중의 미래는 기독교의 칼빈주의처럼 예정되어 있어 이미 우리 손을 떠난 것인가, 아니면 진보론적 역사관 내지 양자역학적 관점에서 얼마든지 현재 우리의 태도와 실천에 따라 개선가능한가. 이 물음이 우문인 것은 이미 우리에게 선택권이 주어진 이상 우리에게 예정되어 있는 것은 아무 것도 존재하지 않는다는 점이다. 그렇다면 이제 종중문제의 현실이 무엇인지 확인해보고, 종중의 미래를 어떻게 설계해야 하는지 고민해보자.

종중의 근대법 질서로의 편입

宗中財産의 管理 및 運用

종중의
근대법 질서로의 편입

宗中財産의 管理 및 運用

제1절   전통과 근대의 만남

1. 근대질서의 등장

17·8세기 근대 시민혁명을 거치면서 등장한 근대적 질서는 봉건주의적 질서를 폐습으로 가득 찬 구체제로 규정하고 극복하고자 하였다. 소위 근대적 질서라 하는 것은 자유주의를 기반으로 시민계급의 정치적 자유권 보장과 함께 경제적 자유 실현을 주된 가치로 삼고 있다. 이렇듯 자유주의로 무장한 근대 시민계급은 우선적으로 정치질서를 새롭게 하고자 하였다. 이들은 왕에게 집중된 정치권력을 타파하고 근대 입헌주의 헌법제정을 통해 시민이 참여하는 민주주의를 구현하고자 하였다.

이와 동시에 근대 시민계급은 과도한 세금 부담 등 절대왕정의 부당한 간섭으로부터 벗어나 자유로운 경제적 활동을 보장받기를 원하였다. 이러한 근대 시민계급의 욕구는 절대적 소유권 사상으로 나타났으며, 이는 천부적인권 내지 기본권으로 개념화되어 근대 입헌주의 헌법의 핵심내용으로 반영되었다. 주지하다시피 절대적 소유권 사상과 극단적 자유주의는 자본주의적 경제질서가 발전하면서 계급 사이의 부의 편중 현상을 심화시키는 원인이 되었다. 이에 대한 반작용으로 19세기와 20세기 초반 사회주의 또는 공산주의가 등장하였고, 서구 민주주의 국가는 사회민주주의적 형태의 수정주의를 택하게 된다.

한편 근대 합리주의자들은 인간의 이성을 절대적으로 신봉하고, 인간을 자율적 개체로서 통제가능한 주체적이고 독립적인 존재로 상정한다. 합리주의자들은 세상의 모든 현상을 이성을 통한 설명이 가능하다고 보는 과학중심주의적 사고를 중시하면서 개인주의적 철학을 주장하였다. 이들에게 있어서 봉건주의 질서는 신이 지배하는 비합리적 사회로서 비과학적인 인식론에 근거하여 인간을 종속적 존재로 전락시킨 구습으로 가득한 어둠의 질서 그 자체였다.

하지만 근대 합리주의자들이 신봉한 근대 질서는 보편주의라는 이름으로 배제와 차별의 논리로 사용되었다. 이들에게 있어서 자유와 권리를 누릴 수 있는 존재는 모든 인간을 말하는 것이 아니라, 백인 시민계급의 남성을 말한다. 즉 비유럽 국가 및 유색인종, 노동자계급, 여성은 계몽이 필요한 미개한 존재일 뿐 결코 근대 합리주의자들이 주장하는 보편주의 질서 속에 편입될 수 없었다. 오늘날의 보편주의가 인종, 국가, 계층, 성별에 상관없이 적용되는 보편적 가치실현을 의미한다면, 근대적 질서가 탄생했던 18세기의 보편주의는 유럽중심적 세계관으로서 제국주의와 결합되어 침략의 명분을 제공하였다.

물론 근대적 질서가 휴머니즘, 과학의 발전, 민주주의 정치질서의 확대, 인권의 탄생 및 발전, 교육에서의 대중적 기회부여 등 역사상 긍정적 영향을 미친 부분을 부정할 수는 없다. 다만 봉건질서를 극복하려는 근대 합리주의자들의 과도한 욕심은 중세시대가 가지고 있었던 장점들을 무조건 폄하하여 심각한 역사인식의 왜곡을 가져왔으며, 근대 시민계급 자신들이 태생적으로 가지고 있었던 계급적 사고는 또 다른 비합리적 지배체제의 단초가 되었다.

2. 제국주의 선봉에 선 근대적 질서

근대는 '이성'(reason)의 시대로서 현상을 설명함에 있어서 반드시 '이유'(reason)가 있어야 과학적 사고로 수용되는 시대이다. 이런 이유에서 근대와 대비되는 근대 이전의 사회는 비합리적으로 강요되는 사회, 즉 '비합리적'인 사회라고 폄하된다. 따라서 근대 합리주의자에 있어서 '근대화'라고 하는 것은 비합리적인 것에서 합리적인 것으로의 '발전'으로서 '좋은 것'이라고 간주된다.

근대 합리주의자들은 근대화를 위해선 어떤 비싼 대가를 치르는 것도 용납될 수 있다고 확신한다. 그들은 가령 제국주의에 의한 서구열강의 식민주의적 침략이 여러 가지 문제가 있지만, 그럼에도 불구하고 사회를 근대화시켰다는 점에서 충분히 정당화될 수 있다고 본다. 오히려 역으로 서구열강의 침략과 약탈을 전근대적인 사회를 문명화시키기 위한 것이었다는 주장도 서슴지 않는다. 현재 한국침략에 대한 일본 극우 세력의 생각도 이것과 별반 다르지 않다.

근대 이전의 사회 또는 비서구사회를 미개한 사회로 규정짓는 것은 너무도 근대중심적인 발상이다. 과거 근대 시민계급들은 왕정시대 궁정귀족들이 대저택을 짓고 화려하게 장식하는 것이나 일주일에 두세 번 연회를 열었던 것을 '비합리적인' 낭비라고 비판했다. 그러나 엘리아스는 『궁정사회』에서 이러한 비판이 단견임을 지적한다. 궁정귀족들은 연회를 통해 주변에 있는 능력 있는 사람들을 모을 수 있었을 뿐 아니라 자신의 영향력을 획득할 수 있었다. 만약 어떤 귀족이 궁색하다거나 인색하다는 평판을 받게 되면, 그는 모든 것을 잃게 되므로, 궁정귀족으로서는 빚을 내더라도 화려한 저택을 짓고 연회를 베풀어야 했다. 즉 근대 시민계급으로선 이해할 수 없었던 사치와 낭비는 비합리적인 게 아니라 그 나름의 합리성을 지니고 있었다.

어떤 사회든 대부분의 일들이 나름의 '이유'와 '합리성'을 갖는다. 이런 점에서 합리성은 근대사회에만 존재하는 것이 아니다. 어떤 사회나 문화를 이해한다는 것은 그들이 행하는 일들의 이유와 합리성을 그들의 입장에서 이해하는 것이다. 그렇지만 근대에 출현한 근대적 합리성이 모든 형태의 합리성의 척도를 독점하고, 제국주의로 무장된 서구열강들이 근대적 계몽을 명분으로 식민지 경영에 나서면서 개별국가의 고유성과 개별성은 파괴되었다. 이러한 비극은 일제의 조선침략에도 고스란히 나타났다. 일제는 자신들의 지배체제를 공고히 하기 위해 다양한 시도를 하였는데, 특히 토지질서와 관련해서는 종중의 물적 기반을 붕괴시키고자 근대법 질서를 이용하였다.

3. 근대사법질서의 특성

근대 사법私法은 개인주의에 입각하여 개인을 봉건적 속박으로부터 벗어난 자유롭고 독립적인 주체로 본다. 본래 근대 민주주의 정치체제는 자유와 평등을 기본이념으로 삼고 있는데, 민주주의를 지향하는 한 개인주의는 필요적 출발점이다. 근대 민법은 자유와 평등이라고 하는 이념을 사적소유권 절대의 원칙, 사적 자치의 원칙, 자기 책임의 원칙으로 구체화시켰다.

근대 민법의 자유와 평등의 이념이 구현된 3대 원칙을 설명하면 다음과 같다.

먼저 소유권 절대의 원칙이란 사적 소유권의 독점적 배타성을 인정하는 원칙을 말한다. 즉 소유권자는 자신의 독자적 판단에 따라 자유롭게 소유물을 사용·수익·매각할 수 있다. 이는 '소유권 자유의 원칙' 또는 '절대絶對의 사소유권私所有權 원칙'이라고도 한다.

다음으로 사적 자치의 원칙이란 자유로운 인격人格인 각 개인은 그 자유로운 의사에 의하여 법률관계를 형성할 수 있다는 것을 의미한다. 이와 같이 사적 자치의 원칙은 자기의 권리·의무가 자기의 의사에 의하여 취득·상실된다는 원칙으로서 '개인 의사 자치의 원칙'·'법률행위 자유의 원칙'이라고도 한다.

한편 자기 책임의 원칙은 타인에 대한 책임을 지는 것은 자기에게 책임 있는 사유, 즉 고의 또는 과실로 인한 행위에 의하여 손해가 생긴 경우에 한하고, 그렇지 않을 경우에는 책임을 지지 않는 것을 말한다.

그러나 개인주의의 구체적 표현인 위 3대 원칙도 자본주의의 발달에 따라 상당한 수정이 필요하게 되었다. 먼저 사유재산 소유권 절대의 원칙이 수정을 받게 되었다. 프랑스혁명 당시에는 '소유권은 신성불가침'이라고 여겨졌지만, 부의 편중현상이 심화됨에 따라 재산권 행사의 공공성 또는 상대성이 강조되기 시작하였다.

또한 사적 자치의 원칙은 형식적으로 평등하고 자유로운 개인을 상정한 것으로서 현실에서는 실질적인 자유와 평등이 담보되기 어렵다. 따라서 사회적 강자로부터 약자를 보호하기 위해 필요한 범위 내에서 국가의 간섭이 용인되기 시작하였다. 아울러 일정한 경우 가해자에게 과실이 없더라도 배상책임을 지게 함으로써 심한 불공평을 어느 정도 완화하는 길도 마련되었다.

어쨌든 일제의 조선침략과 함께 우리사회에도 근대 사법질서라고 명명되는 새 질서가 자리 잡게 되었다. 특히 일제에 의한 토지질서의 근대적 질서 편입은 자발적인 동력을 유지하기 어려웠던 당시 조선사회의 현실을 감안할 때 불가피한 측면이 강하다. 이는 일제에 의한 근대법 질서로의 편입 과정에서 종중의 물적 기반이 붕괴된 부정적 측면을 고려하더라도 인정할 수밖에 없는 우리 토지 질서의 역사에 해당한다.

4. 전통과 근대의 잘못된 만남

종중은 조선 초기 성리학적 질서가 도입되면서 형성되기는 했으나, 혈연을 중시하는 우리 전통이 성리학적 질서와 만나 새롭게 발전적으로 형성된 혈족결속체이다. 더욱이 종중은 조선 중기로 오면서 조선사회의 하부구조로서 물적 기반과 결합된 강력한 인적 결합체로 발전한다. 이를 부정적으로 보는 입장은 종중을 가문의 이익을 우선하는 폐쇄적 결합체로 보기도 하지만, 종중이 일상적 실천을 통해 성리학적 가치질서를 구현한다는 긍정적 작용을 고려하면 종중중심의 혈연공동체 질서가 우리 고유의 전통임은 부정할 수 없다.

일제는 조선을 효과적으로 지배하기 위해 조선사회를 미개하고 문명화가 필요한 비합리적 사회로 규정하였다. 이는 소위 조선 백성을 교화하기 위한 근대적 교육제도의 도입, 문화적 계몽 운동, 근대적 법질서 구현을 통한 효율성 증대 등으로 구체화된다. 즉 일제는 개인적으로 조선백성을 인간 개조의 대상으로 상정하고 철저하게 순응적 인간으로 교육시키면서, 종중과 같이 조선사회의 핵심적 근간이 되는 요소들을 무력화시키는 작업을 진행하였다.

주지하다시피 조선 말기 종중은 종중원이라는 인적 요소와 종중재산이라는 물적 요소가 결속된 혈족 결합체로서 분묘수호와 제사봉양, 종중원 간 친목도모라는 활동 외에 조선의 통치이념인 성리학을 실천하는 정치적 결사체이기도 하였다. 이러한 종중의 정치적 결사체 성격을 감안할 때, 일제로서는 종중의 영향력을 약화시키는 것이 절실했다. 일제의 조선지배는 조선 양반사회의 몰락으로 연결될 수 있는 일이었으므로 조선 말기 유림의 저항은 다른 어떤 집단보다 강하였고, 유림과 더불어 종중 역시 일제에 강하게 저항하였기 때문에 일제로서는 종중에 대한 억압적 조치를 취할 이유가 분명하였다.

일본으로서는 조선을 효과적으로 통치하기 위해 자신들이 모방한 서구 근대법 질서를 조선에도 그대로 이식시킬 수밖에 없었고, 그러한 과정 중, 특히 근대적 토지질서를 도입함과 관련해 일제는 토지사정작업을 거치면서 당시 종중의 기반이 되었던 종중 토지에 대하여 종중명의로는 사정받을 수 없다는 제한을 두게 된 것이다. 하루아침에 가문의 기반을 송두리째 빼앗기게 된 종중으로서는 대책을 세워야 하는 상황으로 몰리게 되었고, 혈족 의식이 강했던 우리 선조들은 비록 종중명의는 아니더라도 종손 또는 소수 종중원 명의로 사정받고 소유권보존 등기를 하는 형태라는 해법을 찾는다.

다른 나라의 입법례를 보더라도 각국의 토지질서는 채권관계법과 달리 개별 국가의 고유성과 개별성을 반영해 입법화되는 것이 통상적이다. 우리 민법의 전세권 제도도 우리 고유의 관습법적 제도를 반영한 것이다. 이렇듯 토지제도가 입법화될 때에는 관습법적 질서가 반영되는 것이 일반적임에도 일제는 종중과 관련된 토지소유권과 관련해서는 전통적인 종중질서의 면밀한 연구 및 반영 없이 효율적인 조선통치라는 목적에만 집중하였다. 이렇게 종중의 물적 기반을 붕괴시키려는 일제와 이에 대항하는 종중 간 대립은 종중을 둘러싼 토지질서에 심각한 왜곡을 가져왔다. 일제는 종중의 존재를 현실적으로 인정할 수밖에 없었는데, 이는 명의신탁이라는 기형적 법리를 낳게 되는 결과로 이어지게 된다.

제2절   조선 후기 종중의 단체성과 종중재산의 고유한 특성

1. 종중의 단체성

현행민법 시행 이전에는 종중을 조합으로 파악해 종중의 단체성을 인정하지 아니하고 그 재산을 공유 또는 합유라고 하였다. 이 경우 종중재산을 처분하기 위해서는 종중원 전원의 동의를 받아야 했다. 우리나라에서 근대적 의미의 부동산소유제도가 확립된 것은 일제강점기부터이다. 당시 적용되었던 의용민법에는 비법인사단의 등기능력이 인정되지 아니하여 종중 부동산에 대하여는 종중의 명의로 소유자 신고나 사정을 받을 수 없어서 종중원 1인 또는 수인의 명의로 등기를 하였다. 그 후 1930년에 있었던 조선부동산등기령의 개정에 의하여, 종중은 비로소 종중 소유재산을 종중명의로 등기할 수 있게 되었다.

종중재산 중 공동선조의 분묘의 소유권은 제사상속인에게 전속한다고 하거나, 위토에 대하여는 종토 또는 위토는 종가의 소유에 속하고 종손이 단독으로 처분할 수 있다고 하여, 종손의 단독소유에 귀속한다는 관습도 있으나, 보통 종중재산에 대하여 "문중이 소유하는 재산은 그 단체를 조직하는 친족의 공유에 속한다."고 하였다.[1] 한편 '조선고등법원 1916년 민상 제169호 1916년 12월 19일 판결'은 "위토의 공유권을 갖는 자는 가장인 호주에 한한다."고 판시한 바 있다. 또한 공유설을 취하게 되면 종중재산의 보존 및 적정한 운영을 기할 수 없으므로 종중재산의 소유권 귀속에 대하여 '합유'라는 견해도 나타났다.

즉 일제 당시 조선의 관습은 "종중 공유의 제위토는 관습상 각 공유자의 분할청구권을 인정할 수 없고, 그 지분을 양도할 수 없다"고 보았는데, 이에 따라 '조선고등법원 1927년 민상 제223호 1927년 9월 23일 판결'은 물건을 공동소유하는 경우에, 합유는 단일불가분의 것으로서 포괄적으로 수인에게 속하는 상태이고, 합유는 공동목적을 수행하기 위한 것으로 목적물에 대한 각인의 지분이라는 것이 존재하지 않으며, 그 목적물에 대한 각인 각개의 권리는 임의로 처분할 수 없다고 판시하였다.

또한 동 판결에 따르면 "조선에서 문중 또는 그 일파가 선조의 묘지 또는 제위토를 공동소유하는 경우에는 관습상 항상 합유에 속한다."고 하였다. 이 판결은 종중재산의 공동소유에 대하여 '공유'라고 본 종전의 판결례를 변경한 것이다. 해방 후 현행민법 시행 전에도 종중의 재산소유형태를 합유로 보고 있다. 이처럼 종중재산을 합유로 보는 견해는 개인주의적 법사상에 대한 반성에서 비롯된 독일의 단체주의 법사상이 영향을 준 것이다.

2. 종중의 비법인사단적 성격

종중은 관습상의 혈연결사체로서 종중원이 중심이 되어 활동하는 단체이므로 종중원이 없는 경우 종중은 유지될 수 없으므로 비법인사단의 성격을 가진다. 현행민법 시행 이후에는 종중의 법적 성격을 비법인사단으로 보는 것이 일반적인 견해이다. 즉 민법 제275조 제1항에서 "법인 아닌 사단의 사원이 집합체로서 물건을 소유하는 때에는 총유로 한다."고 규정하고 있는 것을 근거로 하여, 종중재산은 종중원의 총유에 속한다고 한다.

　따라서 이처럼 종중의 법적 성격을 비법인사단이라고 한다면, 종중재산은 종중원의 총유에 속하고, 사용·수익은 각 종중원이 종약 또는 관습에 따라 할 수 있으며, 관리·처분은 종약 또는 관습에 의하고, 종약 또는 관습이 없는 경우에는 종중총회의 결의에 의한다. 그리고 비법인사단에 대하여는 민사소송법에서 당사자능력과 부동산등기법에서 등기능력을 인정하고 있는 바 종중 역시 동일하다.

3. 종중의 비법인재단적 성격

　종중에 관한 법적 분쟁은 대부분 종중재산에 관한 법적 분쟁이고, 종중재산이 없는 종중의 경우 사실상 분쟁이 발생할 여지가 없다. 결국 종중의 핵심적 요소로는 종중원이 아니라 종중재산에 있는 것으로 볼 수 있다. 이렇게 해석하면 종중은 종중재산을 중심으로 하는 비법인재단적 성격 또한 갖는다. 만약 종중의 법적 성격을 비법인재단으로만 보면, 종중규약이 작성되어 있지 않은 경우에는 재단법인의 정관을 보충하는 방법에 의하여 종약을 작성할 수 있고, 종중재산을 처분하여 분배하는 행위는 인정되지 않아 종중분쟁의 대부분을 사전에 막을 수 있다.

　특히 종중재산의 사용이 봉제사 및 분묘수호를 목적으로 한다는 점을 고려하고 종중재산이 종중의 활동에 중요한 역할을 수행하거나 종중재산의 형성 과정상 소수 종중원이 출연한 재산으로 형성된 경우, 종중재산이 종중의 본질을 형성하여 활동하고 있다면, 이러한 경우는 재단법인의 성격만을 가지는 것으로 보는 것도 무방하다고 판단된다.

종중을 비법인재단으로 보는 경우, 종중재산의 관리 및 사용·수익은 종중의 본래목적을 벗어나는 것으로 통상 상정하기 어려우나, 종중재산 처분은 종중의 본래목적을 벗어나는 것인지 문제될 수 있다. 만약 종중의 목적달성에 위배되는 종중재산의 처분이라면 종중규약에 규정하고 있거나 종중총회의 결의에 의할지라도 안 된다고 보는 것이 타당하다.

4. 종중의 혼합적 성격[2]

종중은 본질적으로 혈연공동체로서 종중원이 구성원인 비법인사단이지만, 제사불인멸 및 재산영구보존의 사상에 의하여 선조들이 재산을 출연하고 그 재산을 중심으로 종중이 존속하는 점을 감안하면 재단적 성격도 동시에 가지고 있는 것으로 봄이 타당하다.

통설·판례는 종중의 법적 성격을 비법인사단으로 본다. 그런데 비법인사단이 성립되려면 일정한 조직행위와 인적·물적설비를 갖추어야 하지만, 종중을 자연발생적으로 성립하는 단체로 보는 경우 비법인사단에 대한 일반적 기준을 그대로 적용할 수는 없다. 이러한 점에서 종중을 자연발생설에 따라 설명하는 판례입장은 논리적으로 정합성이 떨어진다.

즉 종중은 자연발생적이므로 그 단체성의 정도가 동일하지 아니하므로 그 종약, 재산출연의 과정, 인적·물적설비의 형태 등에 따라 그 법률관계를 다르게 판단할 필요가 있다. 즉, 사단으로서의 요건을 갖춘 종중은 이를 인정하고 그 기능의 원활한 수행을 뒷받침해 주는 것이 바람직스러우나, 사단성이 극히 희박한 관념상의 종중이나 일시적인 이해관계로 급조된 종중에 대하여는 이를 종중으로서 인정하거나 보호할 필요가 없다고 할 수 있다.

이와 같이 종중은 다양한 내용을 가지고 있고, 인적요소와 물적요소를 동시에 가지고 있는 종중을 일의적으로 비법인사단으로만 인정하여, 그에 따라 법적 효과를 획일적으로 적용하는 것은 구체적 타당성을 결여한 결과를 야기할 수 있다. 따라서 종중의 법적성격은 종중규약, 기관의 구성, 종중재산의 출연방식, 종중의 활동형태 등에 따라서 개별적으로 판단하는 것이 타당하다.

종중의 법적성격은 종약에서의 규정 여부, 종중 대표자의 구성이나 종중재산의 출연과 운영 형태 등에 따라서 다양하다. 먼저, 4대조 이하의 후손들로 구성되는 문중이 제사를 모시기 위해 재산을 가지고 있는 경우에는 통상적으로 단체성을 인정할 필요는 없다. 다만 조합으로 해석해 그 법적 문제를 해결하면 충분하다. 둘째, 종약에 종중의 법적성격, 기관의 구성과 활동방식을 명문으로 규정하고 있는 경우에는 종약의 규정 내용에 따르면 된다. 셋째, 공동선조가 출연한 재산이나 상속인이 시제를 위하여 출연한 재산만으로 종중재산이 형성되는 경우와 국가가 준 재산만으로 종중재산이 형성된 경우, 종중재산은 제사불인멸 및 재산영구보전을 위하여 출연한 것이므로 비법인재단으로 보는 것이 타당하다. 넷째, 종중원 각자가 공동출연한 자금이나 종중원의 회비에 의한 적립으로 종중재산이 형성된 경우 비법인사단으로 판단함이 합리적이다.

따라서 비법인사단과 비법인재단의 성격을 동시에 혼재하는 대부분의 경우에는 일반적인 종중의 법률관계는 비법인사단으로 이해하여 해결하고, 다만 종중재산의 처분 및 분배에 관한 법률관계에는 비법인재단의 성격을 가미하여 그 문제를 해결하는 것이 바람직한 해법이라고 본다.

제3절 분쟁의 씨앗, 일제하 법령과 종중재산의 왜곡

1. 일제의 종중에 대한 인식

1910년 일제는 한일합방을 선언하고 36년의 한반도 통치를 시작한다. 이에 지방유림이 주축이 된 종중은 반일민족운동의 한 축으로서 적극적으로 항일운동을 전개하였고, 이러한 종중의 반일행보에 대응해 일제는 종중을 식민지 통치정책상 큰 장애로 보았고, 종중을 고사시킴으로써 반일저항운동의 동력을 저지하고자 하였다.

즉 일제는 종중을 가족주의적 이기주의에 매몰된 문벌정도가 아니라 사회적 단결과 국민적 결합을 크게 저해해, 궁극적으로는 자신들이 목표로 하는 대륙진출을 방해하는 조직으로 간주하고 탄압하였다. 물론 일제의 한반도 통치가 자리 잡은 1920년대 이후에는 다른 항일단체가 그러했던 것처럼 유림과 종중이 중심이 된 항일운동전선도 사실상 명맥을 잇지 못하는 상황이 되고 만다. 어쨌든 일제는 조선에서 가문 또는 문중이라는 것은 친족간 임의적 단체에 불과해 법인격을 가지지 않는다고 하면서 종중의 독자적인 권리주체성을 부정하였다.

1912년 일제가 만든 관습조사보고서에서는 종중을 친족회로 보고, 단순히 조합의 일종으로 파악하고 있다. 종중을 친족회로 본 일제의 입장은 1921년 조선민사령이 개정되어 종중에 대하여 일본민법을 적용하기 전까지 그대로 유지되었다. 아울러 일제는 여러 법령을 통하여 종중의 기반이 되는 종중재산의 법률관계를 왜곡해 식민지 통치정책의 수행에 유리하게끔 활용하였다.

2. 삼림법

일제는 1908년 법률 제1호로 삼림법을 제정하여 "삼림산야森林山野의 소유자는 본법 시행일로부터 3개년 이내에 삼림산야의 지적과 면적의 견취도를 첨부하여 농상공부대신에게 신고하되, 기간 내에 신고하지 아니한 자는 모두 국유로 간주한다."(동법 제19조)고 규정하여 사유임야라고 할지라도 신고를 하지 아니하면 국유로 전환하는 근거를 마련하였다.

주지하다시피 삼림은 임야로서 종중재산 중 종중의 분묘가 산재해 있는 묘산인 경우가 많았다. 일제는 삼림법을 통해 국토의 주요 산림자원의 효과적인 관리를 내세웠지만, 근대법 질서에 무지한 당시 조선사회의 현실을 고려하면 상당수의 임야가 일제로 넘어가는 계기가 된다.

더욱이 삼림법이 정한 기간 내에 지적 신고를 하였는지 그렇지 아니한
지에 대한 사실은 법원의 직권조사사항에 속하지 않는다고 함으로써 신고
를 하지 아니한 종중 묘산 중 국유로 넘어간 것이 많았다. 사실 임야에 대
한 종중소유권을 주장하기 위해서는 종중이 신고 여부에 대한 입증도 하여
야 하였기 때문에, 새로운 법제도를 알지 못하는 종중원들로서는 대부분의
임야소유권을 강제적으로 빼앗길 수밖에 없었다.

즉 일제는 삼림법의 신고제도를 악용하여 사실상 종중재산임을 알면서
도 종중소유의 임야에 대하여 소유권이나 입회권을 가지고 있던 종중으로
부터 빼앗아 종중소유의 임야를 국유화하였다. 이로 인하여 종중의 물적 기
반이 급격하게 붕괴되었다.

3. 토지조사사업

일제는 합병(1910년)하기 전인 1882년 임오군란 후부터 본격적으로 한
반도를 지배하기 위한 계획을 실행해 나간다. 일제는 침략계획의 일환으로
서 한반도 전역에 대한 지적조사를 몰래 시행했으며, 1912년 토지조사령에
의한 토지조사사업과 1918년 조선임야조사령에 의한 임야조사사업 등을 통
하여 공식적인 토지사정사업을 통해 근대적 토지제도를 구축해 나갔다.

물론 이러한 일제의 조치는 효과적인 세수확보와 근대적 토지질서 도
입에 의한 조선백성의 물적 기반 붕괴를 목적으로 한 것이었다. 어쨌든 토
지조사사업을 통해 사정받게 되면 사정인은 소유권을 원시취득한다. 이는
조선시대부터 이미 인정되어 오던 토지에 대한 권리를 근대법 질서로 공식
적으로 편입한 것에 지나지 않는다.

이미 언급한 대로 조선사회에서 토지소유권은 근대적 의미의 소유 관
념과는 다르다. 유교사회인 조선에서 모든 백성은 왕의 신하로서 토지를 비
롯한 모든 것은 왕에게 속하는 것이고, 다만 백성들은 왕으로부터 하사받아

사용하는 형태였기 때문이다. 조선 중기 이후 이미 상업이 발달하고, 토지에 대한 매매가 사실상 있었기 때문에 조선시대에 토지소유권이 없었다고 할 수는 없지만, 개인주의와 자유주의에 기반한 근대사법상 토지소유 관념은 토지조사사업을 통해 비로소 시작되었다고 보아도 무방하다.

토지조사사업과 임야조사사업은 모두 신고제로 실시하여 소유자라고 하더라도 신고를 하지 않으면 소유자로 인정받지 못한 경우가 많았다. 1912년 조선부동산등기령에 의해 의용되었던 일본 부동산등기법에서는 종중재산에 대한 등기방법을 두고 있지 않았기 때문에 일제는 종중소유 토지를 종중원들의 공유로 보았다.

특히 토지조사사업 당시 토지소유자의 신고를 받아서 토지소유자의 권리는 사정의 확정 또는 재결에 의하여 확정한다(토지조사령 제15조)고 하면서, 그 토지소유자의 신고는 원칙적으로 결수연명부3에 의해 작성하도록 하였다.

당초 토지조사사업의 구 토지신고심득에는 토지신고서와 결수연명부와의 관계에 대하여 아무런 규정을 두지 않았다. 그러나 개정된 토지신고심득에는 신고서가 결수연명부에 의거하면서 작성되어야 한다는 것을 규정하였다. 이러한 과정을 거치면서 토지조사사업에 있어서 토지소유권 확정의 대원칙, 즉 결수연명부와 토지신고서와의 대조에 의하여 토지소유권을 확정한다는 원칙이 제도적으로 규정되었다. 즉 일제는 토지신고를 받아 소유권을 원시적으로 창설한다고 보았지만, 실제로는 결수연명부를 통해서 기존의 소유권을 법적으로 인정한 것에 불과하다.

또한 토지조사사업 당시 종중은 비법인사단으로 인정되지 않았기 때문에 종중재산에 대하여는 종손 또는 종중원 개인명의로 신고할 수 있었다. 즉 개인 이름 옆에 괄호를 하여 '종중재산'이라고 부기할 수 있도록 하여 토지 사정을 받도록 하였다. 다만 기재 과정에서 종중으로부터 명의신탁받은 토지임에도 '종중재산'이라는 기재가 누락된 경우도 있었다.

한편 세금부과의 기준이 되는 토지대장에는 종중재산임을 표시할 수 있지만, 소유권 보존등기를 할 때에는 종중명의로의 기재를 할 수 없게 해 사실상 종중재산의 해체 및 종중활동의 위축을 가져왔다. 게다가 토지대장상 명의신탁받은 종중원이 여러 명인 경우 '공유지연명부'를 통해 모든 수탁자들의 성명이 기재되어야 하는데 누락된 경우가 많아, 향후 종중과 수탁자인 종중원들 간의 분쟁의 원인이 되기도 하였다.

4. 조선민사령

일제는 우리나라를 침략한 이후 1912년 조선민사령을 공포하였다. 조선민사령 제1조는 "민사에 관한 사항은 본령 기타의 법령에 특별한 규정이 있는 경우를 제외하고 다음 법률에 의한다."고 하면서 민법(제1호)을 게기하고 있다. 여기서 말하는 민법은 당시 일본에서 제정되어 적용되고 있었던 일본민법, 즉 의용민법을 의미한다. 의용민법 제33조에 따르면 법인은 본법 기타의 법률의 규정에 의하지 아니하고는 성립할 수 없고, 의용민법 제34조는 제사, 종교, 자선, 학술, 기예 기타 공익에 관한 사단 또는 재단으로서 영리를 목적으로 하지 아니하는 것은 주무관청의 허가를 얻어 이를 법인으로 할 수 있다고 규정하고 있다.

한편 의용민법 제19조에 따르면 민법시행 전부터 독립한 재산을 가진 사단 또는 재단으로서 민법 제34조에 게기한 목적을 가진 것은 이를 법인으로 하였다. 따라서 종중 역시 사단법인으로 인정하거나 사단으로 설립할 수 있었고, 당연히 그 명의로 재산을 소유할 수도 있었다. 그러나 일제는 앞서 살펴본 대로 종중은 사단법인으로 설립하지도 못하도록 하였다.

이처럼 종중을 민법 시행 전부터 독립한 재산을 가진 사단으로서 인정하지도 않고, 관습법상 법인의 성립까지도 인정하지 않음으로써 종중의 물적 기반의 붕괴를 가속화시켰다. 이처럼 일제는 종중이 비법인사단으로서의 법적성질을 지니고 있는지 여부를 일본민법에 근거하여 따지기만 하였을 뿐, 애초 비법인사단으로서의 법적 성질을 인정하지 않았다.

또한 종중재산으로 신고되는 것에 한하여 조선민사령 기타의 법령에 의하여 법인으로서의 자격 구비 여부를 조사하고, 법인의 자격을 갖는 것은 그 성질에 따라 개인명의 또는 공유명의로 기재하도록 했으며, 관계자 전원의 공유로서 신고한 것을 제외하고는 신고서 지주명의 좌측 괄호 속에 종중재산 등으로 부기하도록 하였다.

이러한 일제의 조치는 종중에게 종중재산의 소유권을 인정하지 않고 종중원 개인에게 소유권을 인정하거나 종중원의 공유로 인정함으로써 종중재산의 붕괴를 유도하였다.

5. 조선부동산등기령

일본은 1929년 민사소송법을 개정하여 동법 제46조상 "법인이 아닌 사단 또는 재단으로서 대표자 또는 관리인이 정하여져 있는 것은 그 이름으로 제소 또는 피소될 수 있다."고 규정하였고, 조선민사령 제1조 제13호에 의해 우리나라에도 적용되어 종중도 당사자능력을 가지게 되었다.

1930년 10월에 개정된 조선부동산등기령 제2조의 4는 "종중, 문중, 기타 법인이 아닌 사단 또는 재단으로서 조선총독이 부령으로서 정하는 것에 속하는 부동산의 등기에 관하여는 그 사단 또는 재단으로서 등기권리자 또는 등기의무자로 간주한다. 전항의 등기는 그 사단 또는 재단의 이름으로써 그 대표자 또는 관리인이 이를 신청하여야 한다."고 규정하였고, 1931년 8월에 개정된 조선부동산등기령 시행규칙 제42조의 2는 "조선부동산등기령 제2조의 4에 규정하는 사단 또는 재단은 다음과 같다. 1. 종중 또는 문중"이라고 규정함으로써 종중도 등기능력이 인정되기에 이르러 종중명의로 등기가 가능하게 되었다.

그러나 뒤늦게 1930년에 이르러 조선부동산등기령의 개정으로 종중명의로 등기를 할 수 있게 되었다고 하더라도 이미 종중원 개인명의로 등기된 종중재산이 다시 종중명의로 회복되는 것은 쉽지 않았다. 정서상 종손 등의 명의로 등기가 된 경우 굳이 이를 종중명의로 등기를 회복할 필요를 못 느끼거나 소송비용 및 등기비용 등 부담해야 하는 비용 때문에 종중명의의 등기 회복이 활발하게 이루어지지는 못하였다. 최근까지도 일제 때 구등기에 기재된 대로 소유권자가 변동이 없는 등기가 다수 있다는 사실은 토지에 관한 일반인들의 인식과 현실적 어려움을 보여준다고 할 수 있다.

제4절 일제하 종중 법리의 문제점[4]

1. 조선총독부의 회답과 조선고등법원의 판결

일제의 조선총독부 회답을 보면 종중재산을 종중원 공유로 사정받고 등기한 경우, 제위전답은 자손인 종중의 공유라고 하였다. 종토 또는 위토는 친족의 공유로 보아야 할 특별한 원인이나 약속이 있으면 공유로서 공유자의 승인이 있어야 처분할 수 있다. 위토는 관습상 당연히 봉사손의 단독소유가 아니라 장파의 단독소유 또는 장·지파의 공동소유로 보았다.[5][6]

그러나 분묘에 대해서는 분묘의 소유자가 누구인가는 사실문제에 속하고, 일반적으로 분묘가 속하는 家의 호주의 소유자이고, 조상의 분묘는 종손의 단독소유로서 문중의 공유가 아니지만, 조상의 분묘를 이장할 때에는 문중의 협의가 필요하고 문중이 이의를 하면 장자손이라도 할 수 없고, 조선의 관습상 조상의 분묘는 종손의 소유에 속하지만, 이를 이장하거나 처분하는 경우에는 관계 자손의 협의를 거치는 것이 관례라고 하여 분묘의 소유권은 종손이 단독으로 행사할 수 있다고 하였다.[7]

이와 달리 조선고등법원 판결은 위토의 소유권은 봉사자인 자손의 단독소유에 속하는 것이 있고 혹은 일문의 공유에 속하거나 일문 중 일파의 공유에 속하는 것이 있어서 언제나 봉사자 자손의 단독소유에만 속한다고 할 수 없다고 하여 회답과는 달리 선언하고 있다.

조선고등법원은 조선에 있어서 공동조상의 분묘가 있는 산판의 소유권은 그 종손에 속하는 경우도 있고, 혹은 공동조상의 자손인 일문 또는 문중 일파의 공유에 속하는 경우도 있어 반드시 종손의 단독소유가 아니면 자손 전체의 공유라는 관습은 없으며, 그것이 누구의 소유이냐는 사실문제에 속한다고 하여, 종중재산의 소유권 귀속이 법률문제임에도 불구하고 사실문제로 처리하였다.[8]

한편, 대법원은 종중소유 위토를 위탁받은 관리인이 처분하여 횡령죄의 죄책을 묻는 형사판결에서 토지가 특정 묘의 위토로 되는 경위는 그 특정 분묘와 관련 있는 종중이 그 소유권을 취득하여 위토설정을 한 경우와 후손 중의 어느 개인이 개인소유의 토지를 특정 선조묘의 위토로 설정하는 경우 등이 있을 수 있으므로 위토라는 사실만으로는 종중소유라고 볼 수 없다고 하여 종중재산의 소유권 귀속을 사실문제로 본 조선고등법원의 판례 취지를 계속하고 있다.[9]

오히려 종중재산의 귀속문제는 법률문제로 보는 것이 타당하다. 즉 종중의 전통적 특성상 개인소유권을 포기하고 종중전체의 목적을 위해 종중 재산으로 형성된 경우, 즉 종중원이 어떤 연유이든지 단독으로 또는 공동으로 재산을 종중재산으로 출연시킨 경우에는 출연자와 소유관계는 단절되어 당연히 종중소유로 되고, 그 소유권 귀속을 다툴 수 없다고 보는 것이 타당하다.

2. 합유설의 문제점

일제는 1927년 종중재산의 공유설을 폐기하기에 이른다. 즉 위토에 대한 공동소유는 관습상 항상 합유의 법률관계이지 공유관계는 아니라고 하여 합유설을 채택하였다.[10] 또한 의장은 일족 후예의 거주지이거나 그 수익으로 일족의 후원, 관혼상제의 부조 또는 일족의 화목과 공존공영을 목적으로 설치한 것으로, 의장인 토지는 종중재산을 구성하고 그 법률관계는 관습상 합유라고 하였다.

이러한 종중재산의 합유설에 따르면 양도나 처분이 되면 합유로서의 성질을 상실하고, 매각대금으로 새로운 종중재산을 마련하는 경우에는 종전의 합유관계가 계속 유지된다. 그러나 공유보다 합유는 결합성이 강하지만, 공동체적 결합성을 지니는 종중의 법률관계를 설명하는 데에는 문제점이 많다.

3. 종중의 대표자 선정상 문제

종중 일을 처리하기 위해 종중에는 종손과 문장이 있고, 사무를 담당하는 유사가 있다. 종손과 문장은 반드시 선거에 의해서 선출되는 것은 아니고, 유사는 종중에서 직접 지명한다. 그런데 일제는 종래 종중의 대표자인 종손이나 문장을 대신하여 특별한 대표자를 종중의 대표로 인정함으로써 종중의 재산처분권을 제한하기도 하였다. 즉 종중의 대표는 문장이 이에 해당하고, 제사에 대하여는 종손이 이를 대표하며, 종중재산에 관하여는 특별히 대표자를 정함을 보통으로 한다고 하였다. 나아가 종중 또는 문중의 대표자 또는 그 재산관리인의 선정은 일족 또는 일문의 성년 이상의 남자를 소집시킨 총회에서 출석자 과반수의 결의에 의하여 행함을 일반의 관습으로 한다고 하여 종래의 일정한 항렬 이상의 자들로 구성된 종회를 무력화시키고자 하였다.

또한 종중재산을 둘러싸고 다투는 소송에서 등기명의자나 제3취득자가 종중 대표자의 원고적격을 다투게 되면, 종중 측은 대표자의 자격미비를 이유로 패소하게 되어 본안심리를 생략한 채 소송을 형식적으로 종결시킬 수 있다. 종중의 대표자를 따로 선출하게 한 조선고등법원의 판례는 종중에게 종중재산의 회복절차를 까다롭게 함으로써 종중에게 큰 부담을 주고 있다. 이러한 법리는 종중재산을 둘러싼 분쟁해결을 어렵게 해 종중의 결속력을 약화시키고 종중의 자율성마저 훼손시키는 결과를 가져왔다.

4. 명의신탁법리의 문제점

일제는 종중의 권리주체성을 부인하고, 나아가 종중재산의 등기조차도 할 수 없도록 하면서도 종중재산의 등기를 종중원 개인이나 종중원의 공유로 등기하도록 하였다. 그러면서 한편으로 종중재산이 종중원이나 종중원의 공유로 등기된 경우의 법률관계를 명의신탁의 법리로 다루었고, 이 명의신탁의 법리는 지금까지도 다툼의 대상이 될 만큼 문제가 있다. 현재 종중분쟁의 원인 대부분은 일제가 만든 명의신탁법리에서 비롯된 것이라고 해도 과언이 아니다.

더욱이 종중원 명의로 등기된 종중재산이 제3자에게 처분된 경우에 "신탁행위에 있어서는 신탁자와 수탁자의 내부관계에서는 소유권 이전의 효과가 발생하지 아니하지만, 제3자에 대한 외부관계에서는 표면상의 소유자는 진실한 소유자로 간주해야 하고, 제3자가 표면상의 소유자인 수탁자로부터 신탁의 목적인 물건을 매수한 경우에 신탁의 사실을 알고 있었는지의 여부에 관계없이 제3자는 완전하게 그 소유권을 취득한다."고 하였다.[11]

이러한 법리에 따르면 종중재산을 수탁하고 있는 종중원은 아무런 제한 없이 매도할 수 있고, 이를 매수한 제3자는 선악의 불문하고 완전하게 소유권을 취득할 수 있다. 이는 명의수탁자로 하여금 종중재산을 통해 사익을 취하려는 욕심을 부채질하여 종중 내 분쟁을 격화시키고, 종중재산의 해체를 가속화시켰다.

심지어 조선고등법원은 조상이 어떤 부동산을 사불천위토로 정해 이를 일문 공유로 하고 동시에 유언에 의해 영구히 매매 기타 처분행위를 못하도록 하여도, 그 자손인 공유자(각 家의 호주)가 이를 처분할 수 없는 관습은 없고, 또한 불천위토에 관하여 전시와 같은 유언이 영구히 그 자손 전원을 구속하는 효력은 없다고 하여 종중재산의 매각을 손쉽게 하도록 하였다.[12]

무엇보다 큰 문제는 이러한 일제 당시 조선고등법원의 태도를 현재 대법원에서도 그대로 수용하고 있다는 점이다. 본래 신탁이란 위탁자가 특정한 재산권을 수탁자에게 이전하거나 기타의 처분을 하고 수탁자로 하여금 수익자의 이익 또는 특정한 목적을 위하여 그 재산권을 관리·처분하게 하는 법률관계를 말한다. 즉 명의신탁법리의 내용인 대내적 대외적 소유권 구분은 근거가 명확하지 않을 뿐만 아니라, 논리적으로도 정합성이 떨어진다. 소유권이 대내적·대외적으로 불일치한다는 것은 있을 수 없기 때문이다.

명의신탁법리가 이렇듯 문제가 있음에도 우리 대법원은 부동산 실권리자명의등기에 관한 법률이 제정되기 전까지도 광범위하게 명의신탁법리를 적용하였다. 그리고 동법에 따라 아직도 종중과 부부의 경우에는 예외적으로 명의신탁법리가 적용된다.

종중의 경우 최근에도 종중토지를 둘러싼 종중 내부의 분쟁이 쉼 없이 발생하고 있는데, 이러한 분쟁으로 낭비되는 사회적 비용을 감안할 때 명의신탁법리로 파생되는 문제해결이 시급하다. 종중토지임에도 명의수탁자에게 명의신탁된 경우 여러 세대를 거치면서 수탁자 후손들이 상속등기를 하게 되면, 수탁자 후손들은 종중토지임을 부정하는 사례가 비일비재하다. 이러한 문제는 이해당사자가 너무 많아 종중 내부의 자율적 노력만으로는 해결이 사실상 어려우므로 입법적 조치를 통해 해결방안을 모색하는 것이 필요하다.

종중의 구조와 법적 규율

宗中財産의 管理 및 運用

종중의 구조와 법적 규율

宗中財産의 管理 및 運用

제1절 고유종중과 유사종중의 비교

1. 고유한 의미의 종중

이미 언급한 바와 같이 고유한 의미의 종중이란, 공동 선조의 분묘수호와 제사 및 종중원 상호 간의 친목 등을 목적으로 하여 형성되는 공동선조의 후손 중 성년인 종중원으로 구성되는 자연발생적 종족집단체라고 할 수 있다.[1] 판례는 고유한 의미의 종중은 공동선조의 후계를 구성원으로 하는 자연발생적인 집단이므로 그 법적 성격은 법인 아닌 사단으로 본다.[2] 하지만 고유한 의미의 종중이 존재하기 위해서는 종중재산이 물적 요소로서 필수적이기 때문에 인적 결합체라고만 할 수 없고 인적·물적 결합체로 봄이 타당하다. 물론 종중은 그 구성원인 종중원과는 독립된 별개의 존재임은 당연하다.

우리 대법원은, 종중은 공동선조의 사망과 동시에 그 후손에 의하여 당연히 성립되는 자연발생적인 것이므로 종중규약이나 대표자 등의 정함이 없어도 무방하다고 본다. 다만 고유한 의미의 종중일지라도 별도의 조직행위를 거쳐 주무관청의 허가를 얻어 사단법인으로 전환할 수도 있고, 이때에는 민법의 사단법인에 관한 규정을 적용받게 될 것이다.[3] 하지만 이론적 논의와 별개로 현실적으로 종중이 사단법인화된 경우는 전국적으로 10여 곳에 불과할 정도로 드물다. 이렇듯 종중의 법인화가 활성화되지 않은 것은 행정기관이 부담해야 할 행정력의 부담이 과도하기 때문에 행정기관이 쉽게 허가해 주지 않은 것도 이유이지만, 무엇보다 법인화에 대한 종중의 인식이 부족한 데서도 기인한다고 할 수 있다.

　종중은 법인 아닌 사단이므로 권리능력이 없는 것이 원칙이다. 그러나 예외적으로 민사소송법 제52조가 '법인이 아닌 사단이나 재단은 대표자 또는 관리인이 있는 경우에는 그 사단이나 재단의 이름으로 당사자가 될 수 있다.'고 규정함에 따라 종중도 대표자의 정함이 있으면 당사자능력이 있고, 종중이 적법한 당사자로 된 소송에서의 소송물에 관하여는 종중이 그 권리의무의 주체로 된다고 할 수 있다. 그리하여 종중이 법인 아닌 사단이면서도 일정 범위 내에서 권리능력을 가진다는 데에는 별다른 이론이 없다.

　대법원 입장에 따르면 종중은 요건을 갖춘 경우 종중의 이름으로 점유[4] 및 시효취득할 수 있고, 불법행위로 인한 손해배상을 청구할 수 있으며[5], 나아가 종중의 명예를 훼손한 자에 대하여는 명예권 침해를 이유로 손해배상을 청구할 수 있다. 또한 부동산등기법 제26조는 '종중, 문중, 그 밖에 대표자나 관리인이 있는 법인 아닌 사단이나 재단에 속하는 부동산의 등기에 관하여는 그 사단이나 재단을 등기권리자 또는 등기의무자로 한다. 그 등기는 그 사단이나 재단의 명의로 그 대표자나 관리인이 신청한다.'고 규정하여 종중을 등기능력이 인정되는 대표적인 법인 아닌 사단의 하나로 예시하고 있다. 그밖에 종중은 소득세법상의 과세단위가 되는데, 이는 토지대장이나 임야대장상 기재에 따라 부과된다. 이렇게 보면 종중은 실질적으로는 사단법인과 다름없는 취급을 받고 있다고 해도 과언이 아니다.[6] 하지만 현재 종중 내 발생하고 있는 분쟁을 최소화시키기 위해서는 법인화가 필요한 것도 사실이다.

참고로 종중은 그 공동선조를 정함에 따라 상대적으로 대소종중으로 구별된다. 이미 성립된 종중의 공동선조의 후손 중 한 사람을 공동선조로 하여 또 하나의 소종중이 성립될 수도 있는데,[7] 이는 기존의 대종중과는 별개의 종중이다.

2. 고유한 의미의 종중의 성립요건

종중은 공동선조의 후손 중 성년 이상의 자를 종중원으로 하여 구성되는 자연발생적 종족결사체이므로 그 성립을 위하여 특별한 조직행위를 필요로 하는 것이 아니다. 다만 종중의 목적인 공동선조의 분묘수호, 제사봉행, 종중원 상호 간의 친목을 규율하기 위하여 규약을 정하는 경우가 많다. 또한 종중은 대표자를 정해 대외적인 행위를 하는 경우가 대부분이지만, 반드시 특별한 명칭의 사용 및 서면화된 종중규약 구비, 종중 대표자의 선임 등 조직을 갖추어야 성립하는 것은 아니다.[8]

종중의 자연발생설에 따르면 공동선조를 누구로 하느냐에 따라 종중 안에 무수한 소종중이 있을 수 있다. 즉 어느 종중을 특정하고 그 실체를 파악함에는 그 종중의 공동선조가 누구인지가 가장 중요한 기준이 된다. 즉 공동선조를 달리하는 종중은 그 구성원도 달리하는 별개의 실체를 가지는 종중이라고 할 것이다.[9] 따라서 공동선조를 달리하는 종중은 그 구성원도 달리하는 별개의 실체를 가지는 종중이므로 소 제기시 소송당사자인 종중의 공동선조를 변경하는 것은 당사자 변경의 결과를 가져오는 것으로서 허용될 수 없다.[10] 하위 종중의 종중원이 모두 사망한 경우, 예를 들어 △△△파 A를 공동선조로 하는 문중의 종중원이 모두 사망하고 후사가 없다고 하여 그 재산이 A의 부父 B를 공동선조로 하는 상위 종중에 귀속된다고 할 수 없다.[11]

고유한 의미의 종중의 목적과 본질에 비추어 볼 때, 공동선조의 성과 본을 같이 하는 후손은 성별의 구별 없이 성년이 되면 당연히 그 구성원이 된다. 이렇게 보는 것이 조리는 물론 평등의 관점상 합당하다고 하겠다.[12] 종중은 그 대수代數에 제한이 없으므로,[13] 만약 종중원이 10여 명에 불과하다 할지라도 종중의 성립에 영향을 주지 않는다.[14] 물론 자손 없이 사망한 자를 위한 종중은 근본적으로 존재할 수가 없다.[15] 한편 종중의 특성상 타가에 출계(양자로 가서 그 집의 대를 잇는 것)한 자는 친가의 생부를 공동선조로 하여 자연발생적으로 형성되는 종중의 구성원이 될 수 없고,[16] 타가에 입양된 경우에 그 입양이 무효인 경우에는 생부의 선조를 시조로 하는 종중의 종중원 자격을 상실하지 않는다.

한편, 고유한 의미의 종중이라면 일부 종중원의 자격을 임의로 제한한 종중규약은 종중의 본질에 반하여 무효라고 할 것이다. 자연발생설에 따라 종중은 인위적으로 특정인을 종중에서 배제할 수 없기 때문이다. 하지만, 이처럼 종중규약의 일부 조항이 종중의 본질에 반한다고 하여 그 종중이 고유한 의미의 종중이 아니라고 추단할 수는 없다.[17] 본래 종중은 특별한 조직행위를 필요로 하지 않기 때문이다.

여기서 한 가지 주의할 것은 종중규약이 무효이더라도 종중규약에 대한 무효확인의 소를 구할 수는 없다는 점이다. 확인의 소의 대상은 구체적인 권리 또는 법률관계의 존부에 대한 것으로서, 확인의 소로써 일반적, 추상적인 법령 또는 법규 자체의 효력 유무의 확인을 구할 수는 없다.[18] 따라서 비록 종중규약이 무효이더라도 종중원의 구체적인 권리 또는 법률관계의 존부와 관련 없는 한 종중규약에 대한 무효확인의 소는 제기할 수 없다.

참고로 고유한 의미의 종중의 경우에는 종중이 종중원의 자격을 박탈한다든지 종중원이 종중을 탈퇴할 수 없는 것이어서 공동선조의 후손들은 종중을 양분하는 것과 같은 종중분열을 할 수 없는 것이고, 따라서 한 개의 종중이 내분으로 인하여 사실상 2개로 분파된 상태에서 별도의 종중총회가 개최되어 종중대표자로 선임된 자는 그 분파의 대표자일 뿐 종중의 대표자

로 볼 수는 없다.[19]

3. 유사종중

전국 각지를 돌아다녀보면 다양한 형태의 종중 유사 단체를 만날 수 있는데, 그 실체를 면밀히 들여다보면 일반적으로 고유한 의미의 종중과는 달리 인위적 조직행위를 통해 형성된 단체들이다. 즉 유사종중이란 공동조상의 후손 가운데 일부만을 구성원으로 한 단체, 또는 일부 종중이 통합하여 만든 단체(통합종중) 등의 형태를 띤다. 이는 어디까지나 종중 유사의 단체일 뿐 고유한 의미의 종중으로는 볼 수 없으나, 유사종중이 종중과는 별개인 법인 아닌 사단임은 부인할 수 없다.

물론 유사종중이라고 해서 반드시 총회를 열어 성문화된 규약을 만들고 정식의 조직체계를 갖추어야만 비로소 단체로서 성립하는 것은 아니다. 실질적으로 공동의 목적을 달성하기 위하여 공동의 재산을 형성하고 일을 주도하는 사람을 중심으로 계속적으로 사회적인 활동을 하여 온 경우에는, 이미 그 무렵부터 단체로서의 실체가 존재한다고 봄이 타당하다. 계속적으로 공동의 일을 수행하여 오던 일단의 사람들이 어느 시점에 이르러 비로소 창립총회를 열어 조직체로서의 실체를 갖추었다면, 그 실체로서의 조직을 갖추기 이전부터 행한 행위나 그때까지 형성한 재산은, 다른 특별한 사정이 없는 한, 모두 사회적 실체로서의 조직에게 귀속되는 것으로 봄이 마땅하다.[20]

고유종중 개념에 따르면 공동선조의 후손들 중 특정지역의 거주자나 특정범위 내의 자들만으로 구성된 종중이란 있을 수 없다. 이와 다르게 유사종중의 경우에는 특정지역 거주자나 특정 범위 내의 자들만으로 분묘수호와 제사 및 친목도모를 위한 조직체를 구성하여 활동하는 형태가 많다. 이렇게 단체로서의 실체를 인정할 수 있는 경우에는 고유한 의미의 종중은 아니더라도, 권리능력 없는 사단으로서의 단체성이 인정된다.[21]

고유한 의미의 종중에 해당하는지의 여부는 종중의 목적, 그 성립과 조직의 경위, 구성원의 범위와 자격 기준, 종중규약의 내용 등을 종합하여 판단하여야 한다.[22] 즉 종중이 고유종중인지, 유사종중인지 여부는 그 명칭 여하에 불구하고 봉제사의 대상인 공동선조와 구성원인 후손의 범위 및 분묘관리의 상황 등 그 실체적 내용에 의하여 판단되어야 하는 것이다.

일반적으로 소종중이나 지파종중의 명칭은 중시조의 관직이나 시호 다음에 지파종중 등 시조의 관직이나 시호 등을 붙여 부르는 관행 내지 관습이 존재한다. 이러한 관행 내지 관습에 따라 종중이 공동선조의 후손들 일부만이 거주하고 있는 지역의 명칭을 사용하였다 한 경우 이를 유사종중으로 보아야 하는지 문제된다. 만약 특정지역에 거주하는 후손들로만 구성된 것이 아니라 그 공동선조의 분묘를 수호하고 그 시제를 봉행하기 위하여 그 후손들 전부를 구성원으로 형성한 경우라면, 특정 지역에 거주하는 후손들만의 소종중으로서 그 공동시조를 중시조로 하는 고유한 의미의 종중이 아니라고 할 수 없다.[23]

유사종중과 관련된 판례를 보면, 대법원은 원고 종중[24]이 안동김씨 안렴사공파 후손 중 도봉구 번동지역에 거주하거나 이와 연고가 있는 후손들만을 그 구성원으로 하고 있다면 이를 고유한 의미에서의 종중이라고 보기 어렵다고 보면서, 원고 종중이 후손 중 번동지역에 거주하는 후손들이 선조 분묘를 수호하고 친목을 도모하기 위한 사회조직체로서 그 고유의 재산을 소유·관리하면서 독자적 생활을 하고 있어 그 단체로서의 실체를 부인할 수 없는 것이라면 원고 종중을 권리능력 없는 사단으로 봄이 상당하다고 판시한 바 있다.[25] 이미 성립된 종중의 종중원 중 일부가 주동이 되어 종중 회칙을 마련하고 총회를 소집하여 대표자를 선출하였다는 사정만으로 바로 종중과는 별개의 단체를 구성하였다고 할 수는 없다고 본 것이다.[26]

종중 유사단체는 비록 그 목적이나 기능이 고유한 의미의 종중과 별다른 차이가 없다 하더라도 공동선조의 후손 중 일부에 의하여 인위적인 조직행위를 거쳐 성립된 사적 임의단체라는 점에서 자연발생적인 종족집단인 고유한 의미의 종중과는 분명하게 다르다. 유사종중의 경우에는 사적 자치의 원칙 내지 결사의 자유에 따라 그 구성원의 자격이나 가입조건을 자유롭게 정할 수 있음이 원칙이다. 따라서 유사종중의 회칙이나 규약에서 공동선조의 후손 중 남성만으로 그 구성원을 한정하고 있다 하더라도 특별한 사정이 없는 한 이는 사적 자치의 원칙 내지 결사의 자유의 보장범위에 포함되고, 위 사정만으로 그 회칙이나 규약이 양성평등 원칙을 정한 헌법 제11조 및 민법 제103조를 위반하여 무효라고 볼 수는 없다.[27]

한편, 같은 혈족이지만 공동선조를 달리하던 별개의 소종중이 통합하여 새로 구성된 종족집단으로서의 통합종중은 고유한 의미의 종중이 아니긴 하지만 그 단체로서의 실체를 인정할 수 있는 경우에는 유사종중으로서 단체성만을 인정할 수 있다. 그 경우에도 자연발생적 집단으로서 선조의 사망과 동시에 자손에 의하여 자연발생적으로 성립하는 고유한 의미의 종중인 통합 전 소종중의 객관적 실체가 없어지는 것은 아니다. 따라서 통합종중의 규약에서 통합 전 소종중의 재산이 통합종중에 귀속되는 것으로 정하였다 하더라도 통합 전 소종중원의 총유에 속하는 재산의 처분에 관하여는 그 소종중의 규약 혹은 종중총회결의에 따른 적법한 처분절차를 거치지 아니하는 이상 그 유효성을 인정할 수 없고, 그 주장입증에 대한 책임은 처분행위의 유효를 주장하는 측에 있다.[28]

공동선조의 후손 중 특정 지역에 거주하는 종중원들이 사회적 조직체로서 성립하여 독자적인 활동을 하고 있더라도, 종중이 소유하는 토지 등은 공동선조의 후손 전원(성년자)을 구성원으로 하는 종중의 소유에 속하는 것이며, 특정 지역에 거주하는 종중원들로 구성된 종중 유사의 단체에 귀속하는 것은 아니다. 다만 유사종중이 별도의 독자적인 재산취득절차를 거쳐 재산을 소유하는 것은 당연히 가능하다. 예컨대 같은 혈족이지만 공동선조를 달리하던 별개의 소종중이 통합하여 새로 구성된 종족집단으로서의 통합종중은 고유한 의미의 종중이 아니긴 하지만 유사종중으로 될 수 있고, 이때 통합 전 소종중원의 총유에 속하는 재산에 대해 그 소종중의 규약 혹은 종중총회 결의에 따른 적법한 처분절차를 거쳐 통합종중에 이전한 것이라는 점을 통합종중 측에서 증명하면 통합종중이 그 재산을 취득한다.[29]

4. 고유종중과 유사종중의 비교

당해 종중이 고유종중인지 또는 유사종중인지를 확정하는 문제는 '당사자확정'의 문제인데, 당해 종중이 제출하는 종중규약 가운데 종중원 자격에 관한 규정이 있다고 하더라도 위 규정만으로 공동선조의 후손 중 성년 이상의 사람이면 당연히 종중원이 되는 고유종중인지 아니면 종중 자격에 있어 제한이 인정되는 유사종중인지를 판단할 수 없다.[30]

왜냐하면 고유종중에서는 그 규약에 종중원의 자격을 제한하는 취지의 규정을 두었더라도 그 규약은 무효이고, 반대로 종중규약에 공동선조의 후손 중 성년의 사람을 종중원으로 한다는 규정이 있다고 하더라도 실제 종중원의 범위와 자격 기준, 종중의 활동 등에 비추어 유사종중이라고 판단하여야 할 경우도 있기 때문이다.[31]

고유종중과 유사종중의 발생 과정상 차이를 들어 비교하면, 고유종중이 공동선조의 분묘수호와 제사 및 종원 상호 간의 친목 등을 목적으로 하여 형성되는 공동선조의 후손 중 성년인 종원으로 구성되는 자연발생적 종족집단체라며, 유사종중이란 공동조상의 후손 가운데 일부만을 구성원으로 한 단체로서 별도의 조직행위를 필요로 한다. 양자 모두 법인격 없는 별개의 사단임은 계속 설명하였다.

또한 고유종중과 유사종중은 사적 자치에 있어서도 차이가 있다. 자연발생적으로 생성되는 고유종중에서는 종중원의 자격을 제한하거나 종중원의 일부만으로 단체를 형성할 수 없는 한계가 있는 반면, 유사종중은 사적 자치로 종중원의 자격을 제한하는 등의 규율을 할 수 있다는 점에서 구분된다.

제2절 종중의 구성과 권리행사

1. 오늘날 종중원의 자격

조선중기 이후 관습에 따르면 종중은 종중원의 자격을 성년 남자로만 제한하고 여성에게는 종중원의 자격을 부여하지 않았다. 이는 공동선조의 분묘수호와 봉제사 등 종중의 활동에 참여할 기회를 생래적인 성별에 의하여 원천적으로 박탈하는 것이다. 더욱이 이러한 관습법은 개인의 존엄과 양성의 평등을 기초로 가족생활을 보장하는 우리의 민주주의적 법질서에도 부합하지 않아 정당성과 합리성이 있다고 할 수 없다. 오늘날 더 이상 종중 구성원의 자격을 성년 남자만으로 제한하는 종래의 관습법은 규범력을 유지하기 어렵게 되었고, 대법원은 이를 확인해 주었다.[32]

우리나라의 성과 본은 부계혈통을 근간으로 하는 것으로 부성주의와 성불변의 원칙을 바탕으로 하는바, 이러한 부계중심의 성과 본은 종중을 구성하는 기초가 된다.[33] 그러나 2005. 3. 31. 부성주의를 규정한 민법 제781조에 대한 헌법재판소의 헌법불합치 결정 이후 동 민법조항의 개정으로 성과 본의 변경이 가능하게 되었다. 이로 인하여 종중에 관한 법적 관념에도 변화가 일어날 개연성이 커졌다. 물론 아직까지는 전통적인 관념의 종중질서에 큰 변화가 있다고 보기는 어려우나, 다음의 경우 종회원의 자격이 있느냐의 문제는 검토할 필요는 있다고 하겠다.

첫째, 친양자의 경우 입양 전 친족관계는 친양자 입양의 확정으로 종료되며 친양자는 부부의 혼인 중 출생자로 보기 때문에 양부 소속 종중원으로 편입되는 것이 타당하다. 일반 입양자의 경우 양부의 성과 본으로 변경된 경우에는 양부 소속 종중원이 되는 것이 타당하다고 하나[34] 혈연관계 없는 법정친자관계이며 양자의 입양 전 친족관계가 존속하는 것으로 보아서도(민법 제882조의2 제2항) 양부 소속 종중원은 될 수 없다고 봄이 타당하다.

둘째, 부모의 합의에 의해 모의 성과 본을 따른 경우와(민법 제781조 제1

항 단서) 민법 제782조 제2항 및 제3항, 제5항에 의하여 모의 성과 본을 따른 경우와 같이 출생시부터 모의 성과 본을 따르는 경우에는 처음부터 모가 속한 종중의 구성원이 된다고 보더라도 무방하다.

셋째, 부모가 이혼하여 모가 양육권자가 된 경우에 자의 복리를 위하여 법원의 허가를 받아(민법 제781조 제6항) 모의 성으로 변경하였을 때는 부가 속한 종중으로부터는 자연히 탈퇴하게 되고 모의 소속 종중원이 된다고 할 것이다.[35]

2. 종중 대표자의 선출

종중이 당사자인 사건에서 그 종중의 대표자에게 적법한 대표권이 있는지 여부는 소송요건에 관한 것으로서 법원의 직권조사사항이며,[36] 종중의 대표자를 자처하면서 소송을 제기한 자에게 적법한 대표권이 없다는 사실이 밝혀지면 법원은 이 사유를 들어 소를 각하하면 족하고 종중에 대표자 표시정정을 촉구할 의무가 없다.[37]

종중 대표자의 선임에 있어서 그 종중에 규약이나 일반 관례가 있으면 그에 따라 선임하는데, 만약 종중규약 또는 일반 관례가 없다면 종장 또는 문장이 종중원 중 성년 이상의 자를 소집하여 출석자의 과반수 결의로 선출한다.

국내에 거주하고 소재가 분명한 종중원에게 통지하여 종중총회를 소집하고 그 회의에서 종중 대표자를 선임하는 것이 일반적인 관습이다.[38] 다만 평소에 종중에 종장이나 문장이 선임되어 있지 아니하고 선임에 관한 규약이나 일반 관례가 없으면 현존하는 연고항존자가 종장이나 문장이 된다.

한편, 대표자를 선임하기 위하여 개최되는 종중총회의 소집권을 가지는 연고항존자를 확정함에 있어서 여성을 제외할 아무런 이유가 없으므로, 여성을 포함한 전체 종중원 중 항렬이 가장 높고 나이가 가장 많은 사람이 연고항존자가 된다. 다만 이러한 연고항존자는 족보 등의 자료에 의하여 형식적·객관적으로 정하여지는 것이지만 이에 따라 정하여지는 연고항존자의 생사가 불명한 경우나 연락이 되지 아니한 경우도 있으므로, 사회통념상 가능하다고 인정되는 방법으로 생사여부나 연락처를 파악하여 연락이 가능한 범위 내에서 종중총회의 소집권을 행사할 연고항존자를 특정하면 충분하다.[39]

종중을 대표하고 종중회의를 소집하는 권한은 관습상 종중원 중 연고항존자에 해당하는 종장에게 있다. 다만 종중규약 또는 당해 종중의 관습이나 일반관례에 의하여 별도로 종중 대표자를 선임한 경우에는 이러한 종중 대표자만이 종중대표권을 가지며 특히 종중재산에 관하여는 종장에게 아무런 권한이 없고 오로지 종중 대표자만이 종중을 대표하여 그 관리처분권을 갖는다.

일반 관례에 의하면 종중 대표자는 적법한 종중 대표자 또는 종중원 중에서 연고행존자에 해당하는 종장이나 종장으로부터 소집을 위임받은 자 등 적법한 소집권자가 국내에 거주하고 소재가 분명한 소집 가능한 성년인 모든 종중원들에게 소집통지를 하여 출석한 종중원으로 구성된 종중회의에서 과반수 결의로 선임하여야 한다.[40] 참고로 종중원이 될 수 없는 자가 종중총회에 참석하여 의결권을 행사하여 종중 대표자를 선임하였다면, 그 선임 결의는 종중총회 결의로서의 효력이 없어 선임된 대표자는 적법한 종중 대표자로 볼 수 없다.[41]

3. 종중 대표자에 대한 직무집행정지 및 직무대행자 선임

종중 대표자를 선임·결의한 종중총회에 하자가 있음을 이유로 종중총회 무효 또는 취소의 소가 제기된 경우, 동시에 종중 대표자에 대한 직무집행정지 가처분을 신청하는 경우가 대부분이다. 이때 법원이 이를 받아들여 종중 대표자에 대한 직무집행정지 가처분 결정을 한 후 직무대행자를 선임한 경우, 그 직무대행자의 권한의 범위가 문제된다.

가처분 재판에 의하여 법인 혹은 비법인사단 등의 대표자의 직무를 대행하는 자가 선임된 경우에 그 직무대행자는 단지 피대행자의 직무를 대행할 수 있는 임시의 지위에 놓여 있음에 불과하므로, 법인 등을 종전과 같이 그대로 유지하면서 관리하는 한도 내의 통상업무에 속하는 사무만을 행할 수 있다. 만약 피대행자의 후임자 선출 등 위 법인 등의 근간인 임원진의 구성 자체를 변경하려면 가처분재판에 있어서 다른 내용으로 정함이 있거나 법원의 허가를 받은 경우에 한해 허용된다.[42]

그런데 법인 등의 대표자의 직무대행자의 권한은 특별한 사정이 없는 한 통상의 사무로 제한되더라도, 그 법인 등의 총회 자체의 권한마저 통상의 사무로 제한되는 것은 아니다. 적법한 절차에 따라 소집된 법인 등의 총회에서 피대행자의 해임 및 후임자의 선출 등의 결의는 자유롭게 할 수 있다. 즉 이와 같이 선임된 후임자의 권한은 직무대행자와 달리 통상의 사무로 제한되는 것은 아니다.[43]

다만, 법인 등 대표자의 직무대행자가 선임된 상태에서 피대행자의 후임자가 적법하게 소집된 총회의 결의에 따라 새로 선출되었다 해도 그 직무대행자의 권한은 위 총회의 결의에 의하여 당연히 소멸하는 것은 아니므로 사정변경 등을 이유로 가처분결정이 취소되지 않는 한 직무대행자만이 적법하게 법인 등을 대표할 수 있고, 총회에서 선임된 후임자는 그 선임결의의 적법 여부에 관계없이 대표권을 가지지 못한다.[44]

다음은 대법원 2010. 2. 11. 선고 2009다70395 판결로서 직무집행가처분 취소 전 후임 대표자 선출의 효력에 관한 것이다. 사실관계는 다음과 같다.

---

① 甲 종중총회에서 A를 회장으로 선출

甲 종중은 2004. 9. 18. 종중총회를 통해 A를 회장(임기 4년)으로 선출하는 결의를 하였다.

② 종중원 B, 종중총회 결의 무효확인의 소제기 및 직무집행정지 가처분 신청

이에 종중원인 B가 위 종중총회 결의에 하자가 있음을 이유로 종중총회 결의 무효확인의 소를 제기하면서(이하 '이 사건 본안소송'이라고 한다) A에 대한 직무집행정지 가처

분을 신청하였다.

③ 법원, 직무집행정지 가처분 결정, 직무대행자로 X 선정
법원은 2007. 5. 28. B의 신청에 따라 '원고와 피고 사이의 종중총회 결의 무효확인 청구의 본안판결 확정시까지 A의 직무집행을 정지하고, 그 기간 중 변호사 X를 피고 종중의 회장 직무대행자로 선임하되, 그 직무범위는 피고 종중의 회장 등 임원 선임을 위한 임시총회 소집 및 진행 행위로 제한한다.'는 내용의 가처분결정을 내렸다.

④ X가 소집한 임시총회에서 C를 회장으로 선출, C 청구인낙
위 가처분결정의 취지에 따라서 X가 소집한 2007. 7. 15.자 임시총회에서 C가 새로 甲 종중의 회장으로 선임되었고, C는 B가 제기한 위 본안소송에서 B의 청구를 인낙하였다.

⑤ 보조참가인 A, C가 한 청구인낙의 효력을 다툼
이에 A는 위 본안소송에 보조참가하여 C에게 적법한 대표권이 없음을 이유로 C가 B의 청구를 인낙한 행위의 효력을 다투었다.

대법원은 C가 甲 종중총회에서 적법하게 새로 선임된 회장으로 볼 수는 있다 하더라도 그에 앞서 직무대행자를 선임한 법원의 가처분결정이 취소되지 아니한 이상 C에게는 甲 종중을 대표할 권한이 없고, 따라서 C가 행한 본안소송의 청구인낙은 적법한 대표권 없는 자의 행위에 해당하여 민사소송법 제451조 제1항 제3호의 준재심사유에 해당한다고 보았다.

그러나 특정 소송사건에서 당사자 일방을 보조하기 위하여 보조참가를 하려면 당해 소송의 결과에 대해 이해관계가 있어야 할 것이고, 여기서 말하는 이해관계라고 함은 사실상·경제상 또는 감정상의 이해관계가 아니라 법률상의 이해관계를 말하는 것으로, 이는 당해 소송의 판결의 기판력이나 집행력을 당연히 받는 경우 혹은 적어도 그 판결을 전제로 보조참가를 하려는 자의 법률상 지위가 결정되는 관계에 있는 경우를 의미하므로(대법원 2007. 4. 26. 선고 2005다19156 판결 등 참조), A의 임기가 만료되었을 뿐만 아니라 C가 그 후임 회장으로 선임된 이상, A는 더 이상 이 사건 본안소송에

보조참가하여 준재심을 청구할 법률상의 이해관계가 없으므로, A의 보조참가신청은 각하됨이 정당하다고 판결하였다.[45]

4. 종중총회

종중이 종중의 목적사업을 수행하고 종중재산을 관리, 처분, 취득하기 위하여 또는 기타 종중에 관한 중요사항을 결의하기 위하여 필요한 때에는 종회원을 소집하여 협의한다. 이러한 종중의 회합을 종중총회(종회 또는 문회)라고 한다. 종중의 정관 또는 규약의 변경은 종중총회의 전권사항이다. 그밖에도 종중규약으로 이사 기타 임원에게 위임한 사항을 제외하고는 종중 사무 전반에 관하여 결정권을 가진다. 이러한 의미에서 종중총회는 종중의 최고 의사결정 기관이라고 할 수 있다.[46]

종중총회의 결의가 유효하기 위해서는 종중총회의 소집권자가 그 종중원 중 성년 이상의 자에게 통지하여 종중총회를 소집할 것을 요한다. 총회는 소집 시 기재한 회의의 목적사항에 관하여 결의할 수 있다. 종중총회를 소집하는 권한은 종중규약 또는 당해 종중의 관습이나 일반 관례에 의하여 별도로 종중 대표자를 선임한 경우에는 그 종중 대표자가 가진다. 다만 이들이 없을 때에는 관습에 의한 연고항존자가 총회 소집권자이다. 종중의 문장도 아닌 자가 소집통지도 없이 종중원 9명과 함께 자신을 종중의 대표자로 선임하는 결의를 하고 그 후의 종중총회도 자신이 직접 소집권자가 되어 총회를 소집하여 결의를 하였다면 그 종중총회에서 한 결의는 어느 것이나 적법한 소집권자에 의한 소집절차를 거쳐 소집되지 아니한 것으로 무효이다.[47] 종중의 대표자로 재임 중 외국으로 이민 가서 종중총회의 소집 시는 물론 총회일에도 그곳에서 거주하다가 그 후 비로소 귀국하였다면 위 종중의 대표자로서 직무를 집행하기 곤란하게 되어 종중의 정관에 정해진 유고 시에 해당된다.[48]

종중총회는 특별한 사정이 없는 한 족보에 의하여 소집통지 대상이 되는 종중원의 범위를 확정한 후 국내에 거주하고 소재가 분명하여 통지가 가능한 모든 종중원에게 개별적으로 소집통지를 함으로써 각자가 회의와 토의 및 의결에 참가할 수 있는 기회를 주어야 한다.[49] 즉 일부 종중원에게 소집통지를 결여한 채 개최된 종중총회의 결의, 예컨대 종중의 족보에 종중원으로 등재된 성년 여성들에게 소집통지를 함이 없이 개최된 종중 임시총회에서의 결의는 모두 무효이다.[50] 다만, 소집통지를 받지 아니한 종중원이 다른 방법에 의하여 이를 알게 된 경우에는 그 종중원이 종중총회에 참석하지 않았더라도 그 종중총회의 결의를 무효라고 할 수 없다.[51]

만약 종중원에 관한 족보가 발간되었다면 그 족보의 기재가 잘못되었다는 등의 특별한 사정이 없는 한 그 족보에 의하여 종중총회의 소집통지 대상이 되는 종중원의 범위를 확정하여야 하고, 여기에서 발간된 족보란, 소집통지 대상이 되는 종중원의 범위를 확정하기 위하여 필요한 것이므로 반드시 사건 당사자인 종중이 발간한 것일 필요는 없고 그 종중의 대종중 등이 발간한 것이라도 무방하다.[52]

그리고 소집통지의 방법은 반드시 직접 서면으로 하여야만 하는 것은 아니고, 구두 또는 전화로 하여도 되고 다른 종중원이나 세대주를 통하여도 무방하나,[53] 소집권자가 지파 또는 거주지별 대표자에게 총회소집을 알리는 것만으로는 총회소집이 적법하게 통지되었다고 볼 수 없다.[54]

소집통지는 민법 제71조가 준용되므로 1주간 전에 통지를 발하고 기타 정관에 정한 방법에 의하여야 한다. 종중원인 갑을 비롯한 10명의 종중원이 1991. 9. 3. 연락 가능한 종중원들에게 임시총회 소집통지를 한 다음, 같은 달 8. 13:00경 종중총회를 개최하여 갑을 종중의 대표자로 선출하였다면, 그 종중총회의 소집절차는 민법 제71조의 규정에 위반되어, 특별한 사정이 없는 한 그 종중총회의 결의는 효력이 없다.[55]

한편, 종중총회를 개최함에는 일반적으로 대표자나 소집권자가 그 총회의 소집을 알리는 통지를 종중원에게 하는 것이 원칙이라고 할 것이나, 종중의 규약이나 관례에 의하여 종중원이 매년 1회씩 일정한 일시에 일정한 장소에서 정기적으로 회합하여 종중의 대소사를 처리하기로 약정이 되어 있는 경우,[56] 또는 종중이 매년 정해진 날짜의 시제에 특별한 소집절차 없이 정기적으로 총회를 열어 문중재산관리에 관하여 결의를 하여 온 경우[57]에는 소집 통지나 의결사항 통지를 하지 아니하였다 하여 그 회의 의결을 무효라 할 수는 없고, 위 결의는 종중의 관례에 따른 것으로서 유효하다.

　이와 관련해 대법원은 종중의 회칙 제정 전은 물론이고 회칙을 제정한 후에도 시제일에 중시조의 묘소에서 제사가 끝난 뒤 시제 참석자들이 종중의 대소사를 논의하여 온 관행이 있었고 이러한 관행이 계속되는 가운데 종중이 회칙에 '정기총회는 매년 음력 10월 초정일(△△△제향일)에 하고 당일 참석 회원으로 성회한다.'는 비교적 단순한 규정을 두게 된 것은 위 관행을 받아들여 시제일 시제 장소에서의 회의를 정기총회로 한 것이라고 풀이되므로, 회칙에 정기총회의 장소가 명시되어 있지 아니하더라도 이는 시제 장소라고 보충하여 해석할 것이고, 또 회칙이 이와 같이 정기총회는 매년 일정한 일시에 일정한 장소에서 개최되는 것으로 해석되는 이상, 회장이 총회의 소집권자라고 하여, 구태여 정기총회의 소집통지를 할 필요는 없다고 보았다.[58]

　참고로 종중원들이 종중재산의 관리 또는 처분 등을 위하여 종중의 규약에 따른 적법한 소집권자 또는 일반 관례에 따른 종중총회의 소집권자인 종중의 연고항존자에게 필요한 종중의 임시총회의 소집을 요구하였으나 그 소집권자가 정당한 이유 없이 이에 응하지 아니하는 경우에는 차석 또는 발기인(위 총회의 소집을 요구한 발의자들)이 소집권자를 대신하여 그 총회를 소집할 수 있다.[59]

[사례] 대법원 1997. 9. 26. 선고 97다25279 판결
甲 종중의 종중원 중 A와 A의 아들인 B를 제외한 전원이 A를 상대로 한 종중재산에 관한 소송에서, 甲 종중 대표자의 자격에 관한 시비를 피하기 위해 甲 종중의 연고항존자로서 종중총회의 소집권자인 A에게 종중총회의 소집을 요구하였으나 A가 이를 거부하자, 그 전원이 연명으로 A와 B을 포함한 종중원 전원에게

통지하여 종중총회를 새로이 개최하고 종중 대표자의 선출 등에 관한 결의를 마친 경우 이는 적법하다.

종중총회를 소집함에 있어 회의의 목적사항을 기재해야 하는데, 그 취지는 종중원이 결의를 할 사항이 사전에 무엇인가를 알아 회의에의 참석 여부나 결의사항에 대한 찬반의사를 미리 준비하게 하는 데 있으므로 회의의 목적사항은 종중원이 의안이 무엇인가를 알기에 족한 정도로 구체적으로 기재하면 족하다. 법원의 소집허가에 의하여 개최된 종중 임시총회에서는 법원의 소집허가결정 및 소집통지서에 기재된 회의목적사항과 이에 관련된 사항에 관하여 결의할 수 있다.[60]

종중총회는 소집통지된 장소에서 개최하여야 하므로, 일부 종중원들이 정기총회의 연기를 선언한 종회장의 결정에 반대하여 사전에 정기총회의 장소로 지정된 적이 없는 곳에서 별도로 개최한 정기총회는 적법한 장소가 아닌 곳에서 개최된 것으로 위법하다고 볼 수 있다.[61]

종중총회의 결의방법에 있어 종중규약에 다른 규정이 없는 이상 종중원은 서면이나 대리인으로 의결권을 행사할 수 있으므로 일부 종중원이 총회에 직접 출석하지 아니하고 다른 출석 종중원에 대한 위임장 제출방식에 의하여 종중의 대표자 선임 등에 관한 의결권을 행사하는 것도 허용된다.[62]

종중총회의 결의는 원칙적으로 특별한 규정이나 종친회의 관례가 없는 한 과반수의 출석에 출석자의 과반수로 결정하고, 이때의 과반수란 1/2을 넘어서는 것을 의미한다.[63] 그런데, 종중 대표자 선임이나 종중규약 채택,[64] 종중의 회칙 변경[65]은 과반수의 출석을 요하지 않고, 출석자 과반수의 찬성에 의한다. 출석자 과반수라 할 때의 출석 종중원은 결의 당시 남아있던 종중원만을 의미한다.[66] 만약 종중총회의 결의가 의결정족수를 채우지 못하면 결의 내용은 무효이고, 무효인 결의에 의하여 선임된 자를 종중의 대표자로 하여 제기한 소는 권한 없는 자에 의하여 제기된 것으로 부적법함이 당연하다.[67]

종중 대표자의 선임에는 과반수의 출석을 요하지는 않지만, 출석자가 지나치게 적은 때에는 별도의 규약이나 관습이 없는 한 그 총회 결의의 효력을 부정한다. 예컨대 종중원이 80여 호 이상 되는 종중에서 불과 3, 4명의 종중원만이 출석하거나,[68] 종중원 300여 명 중 16명만이 출석한 경우[69] 그 총회가 적법하려면 그에 관한 규약이나 관습이 있어야 한다.

원칙적으로, 종중의 구성원이 될 수 없는 자에게 종중원의 자격을 부여한 총회결의에 따라 제정된 회칙이나 그들이 참가한 가운데 종중원 자격이 없는 자를 대표자의 하나로 선임한 대표자 선정결의는 종중의 본질에 반하여 부적법하다. 설령 다른 종중원들이 결의에 동의하였다 하더라도 결론이 달라질 수 없다.[70]

예외적으로, 문중의 구성원이 될 수 없는 자가 문중총회의 대표자 선임결의에 참석하여 발언을 하고 표결에 참가한 바 있다고 하더라도, 이에 참가한 문중원 아닌 자의 수나 그 발언의 내용이 결의에 영향을 미칠 정도에 이르지 아니한다면, 달리 특별한 사정이 없는 한 그 문중총회나 대표자 선임결의를 당연히 무효라고 할 것은 아니며, 문중원 아닌 자의 표결을 제외하더라도 그 결의가 성립함에 필요한 정족수를 충족하는 때에는 그 결의의 효력을 인정할 수 있다.[71]

소집절차에 하자가 있어 그 효력을 인정할 수 없는 종중총회의 결의라도 후에 적법하게 소집된 종중총회에서 이를 추인하면 처음부터 유효로 됨은 유의해야 한다.[72]

종중과 그 기관인 종중이사와의 관계는 위임과 유사한 계약관계이다.[73] 위임자인 이사는 언제라도 사임할 수 있고(민법 제689조 제1항), 이 경우 종중규약 등에 특별한 정함이 없는 한 사임의 의사표시는 대표자에게 도달함으로써 효력이 발생한다고 할 것이며, 종중의 대표자가 사임하는 경우에는 대표자의 사임으로 그 권한을 대행하게 될 자에게 도달한 때에 사임의 효력이 발생하고 이와 같이 사임의 효력이 발생한 뒤에는 이를 철회할 수 없다.[74]

제3절 종중의 자율성과 그 한계

1. 종중의 자율성

종중은 공동선조의 분묘수호와 제사, 그리고 종중원 상호 간의 친목도모 등을 목적으로 자연발생적으로 성립한 종족 집단체로서, 종중이 규약이나 관습에 따라 선출된 대표자 등에 의하여 대표되는 정도로 조직을 갖추고 지속적인 활동을 하고 있다면 비법인사단으로서의 단체성이 인정된다고 봄이 타당하다. 이와 같은 종중의 성격과 법적 성질에 비추어 보면, 종중에 대하여는 가급적 그 독자성과 자율성을 존중해 주는 것이 바람직하다. 따라서 원칙적으로 종중규약은 종중원이 가지는 고유하고 기본적인 권리의 본질적인 내용을 침해하는 등 종중의 본질이나 설립 목적에 크게 위배되지 않는 한 그 유효성을 인정하여야 한다.[75] 우리 대법원 역시 원칙적으로 종중의 자율성을 보장해야 한다는 입장이다.

종중을 비롯된 모든 사회단체는 고유한 목적을 가지고 사회전반에서 긍정적 역할을 수행하고 있기에 자율성이 보장되어야 한다. 게다가 우리 헌법이 취하는 자유민주주의라는 헌법의 대원칙상 종중의 자율성은 더더욱 보장되어야 한다. 비록 오늘날 종중이 지닌 가치와 의미가 퇴색되고 있다고는 하지만, 종중이 우리 전통에서 차지하는 비중을 감안할 때, 구성원들인 종중원들의 자발적이고 독자적인 결정에 따라 운영되어야 한다. 따라서 국가나 사회는 종중이 역할 수행이 반사회적 또는 부정적 측면이 과도할 경우에만 예외적으로 개입하는 것을 원칙으로 해야 한다.

2. 종중 자율성의 한계

종중의 자율성이 중시된다고 하더라도 종중규약이 종중의 본질이나 설립 목적에 크게 위배된다고 판단한 경우, 가령 공동후손 일부에게 종중원

자격을 박탈하는 경우에 대법원은 종중이 그 구성원인 종중원에 대하여 그 자격을 박탈하는 소위 할종이라는 징계처분은 비록 그와 같은 관행이 있다 하더라도 이는 공동선조의 후손으로서 혈연관계를 바탕으로 하여 자연적으로 구성되는 종족단체인 종중의 본질에 반하는 것이므로 그러한 관행이나 징계처분은 위법 무효하여 피징계자의 종중원으로서의 신분이나 지위를 박탈하는 효력이 생긴다고 할 수 없다.

또한 대법원 2006. 10. 26. 선고 2004다47024 판결에 따르면 종중은 종중원이 비록 불미부정不美不正한 행위로 종중에 대하여 피해를 끼치거나 명예를 오손하게 했더라도 종중원의 자격을 정지시킬 수 없다. 종중규약에 근거하여 종중원에 대하여 10년에서 20년간 종중원의 자격, 즉 각종 회의에의 참석권·발언권·의결권·피선거권·선거권 등을 정지시킨다는 내용의 처분은 종중원이 가지는 고유하고 기본적인 권리의 본질적인 내용을 침해하므로 그 효력을 인정할 수 없다.[76]

종중을 자연발생적 혈연공동체로 보는 판례가 이처럼 판단하는 것은 당연하게 보일 수 있으나, 자연발생에 대한 형식적 의미해석에 의한 것으로서 과연 타당한 해석인지는 의문이다. 모든 인적 결합체는 자율적인 제재규범을 가지고 있으며, 이 제재규범은 오히려 개별 결합체들의 목적 실현을 위한 주된 수단이기도 하다. 현실에서의 종중은 종중을 등진 종중원들에 대해 그에 상응하는 제재를 가하고 있으며, 이를 부당한 처사로 보기보다는 오히려 종중을 보호하기 위한 정당한 대응으로 인식한다. 판례의 태도는 지극히 형식적이며, 논리모순적 해석이다.

한편 종중의 자연발생적 단체로서의 성격으로부터도 종중에 대한 규율상의 문제점이 발생하게 된다. 우선 종중원의 확정이 어렵고, 이에 따라 종중총회의 결의에 의해 선출되는 대표자의 확정도 어렵게 된다. 나아가 대표자가 적법한 처분 권한을 가지고 있는지, 특히 총유물의 처분에 있어 적법한 종중총회의 결의가 있었는지 여부를 확인하기도 어려워 종중총회 결의를 둘러싸고 분쟁이 있는 경우 이를 해결할 규정이 미흡하다. 오늘날 발생하고 있는 종중 내부 분쟁의 원인을 찾아보면, 대개의 경우 불투명하고 비민주적인 의사결정에 의한 불신에서 비롯된 것임을 알 수 있다. 수많은 종중이 이러한 종중 내 분쟁을 해결하지 못하고 있는 실정이므로, 이에 대한 입법적 대안 마련이 시급하다.

또한 부동산등기법 제26조에 따라 종중명의의 부동산등기가 이루어지는 경우 동법 제48조 제3항에 의해 그 대표자의 인적 사항도 등기부에 표시되고 그와 아울러 부동산등기용등록번호(제2항)를 부여받는 과정에서 행정관청에 대표자가 등록되기는 하지만, 그 뒤 대표자가 변경되면 변경등기가 이루어지지 않는 이상 등기부나 행정관청의 등록부(이른바 종중등록부)를 통해 종중의 대표자를 확인할 수 있는 방법은 없다.[77] 많은 종중은 여러 대를 거쳐 종중 대표가 교체되었음에도 과거 등기부상 기재했던 대표자의 인적 사항을 변경하지 않고 그대로 두는 경우가 비일비재하다. 이는 때로 거래안전을 해치고, 종중의 재산권 행사에도 걸림돌이 될 수 있다.

제4절 종중 관련 현행 법제도상 문제점

1. 종중총회 결의 없이 한 대표자 행위의 문제

우리 대법원은 종중을 비법인사단으로 보고, 그 소유형태는 총유로 규정한다. 이러한 대법원 입장에 따르면 비법인사단인 종중소유의 재산은 그 관리 및 처분에 관하여 먼저 종중규약에 정하는 바가 있으면 이에 따라야 한다. 만약 이에 대해 종중규약이 없으면 종중은 종중총회의 결의를 거친 다음 종중재산의 관리 및 처분을 할 수 있다. 따라서 비록 종중 대표자에 의한 종중재산의 처분이라고 하더라도 그러한 절차를 거치지 아니한 경우 종중 대표자가 한 처분행위는 무효이다.[78]

문제는 종중재산을 둘러싼 종중문제가 대법원 설시내용처럼 간단하지 않다는 점이다. 종중 참여가 극히 저조한 요즈음, 종중원들이 수천 명 이상 되는 종중들조차 종중총회에 참여하는 종중원 수가 고작 수십 명 정도에 그치는 경우가 대부분이다. 따라서 이해관계의 대립이 없는 일상적인 의사결정 사안에서는 큰 충돌 없이 넘어가더라도, 종중재산의 관리 및 처분과 같은 사안에서는 종중총회의 적법한 절차를 거치는 것이 사실상 어려워 분쟁의 원인이 되고 있다.

이러한 이유로 많은 종중 대표자들은 분쟁의 소지가 되는 종중재산의 관리 및 처분과 관련된 사업을 진행하지 않든가, 위법한 방법을 통해 진행하곤 한다. 위법한 방법을 통해 종중 내 의사결정이 이루어지더라도 종중 대표자들이 종중과 종중원 전체를 위해 종중재산의 관리 및 처분을 행한다면 그나마 사후추인 등의 형태로 문제가 없겠지만, 대개의 경우 소수의 종중 대표자들이 자신들의 사익을 위해 위법한 방법으로 종중총회 결의를 조작한다.

종중은 자연발생적 인적 종족결사체이므로 종중운영에 대해 외부의 개입보다는 자율적 운영이 타당하다는 입장도 있을 수 있으나, 이는 종중문제의 본질을 이해하지 못한 데서 비롯된 단견에 불과하다. 주지하다시피 종중 분쟁은 종중재산을 둘러싸고 발생하는데, 총유인 종중재산의 특성상 의도적으로 종중재산을 사익을 위해 이용하는 경우가 많고, 많은 종중원들은 이러한 사실조차 모르는 경우가 대부분이다. 게다가 종중재산을 둘러싼 분쟁은 개인 간 분쟁으로만 치부하기에는 그 규모가 크고, 선의의 피해자들이 많다는 사실이다. 따라서 종중문제를 다른 임의적 사회단체와 같이 바라보는 것은 문제의 심각성을 모르는 것이며, 분쟁의 소지를 최소화하기 위해서는 종중의 자율성은 존중하되 종중운영의 투명성과 공정성을 확보할 수 있는 종중관계기본법 등을 제정하는 것이 타당하다.

2. 부동산 실권리자명의 등기에 관한 법률상 문제점

부동산 실권리자명의 등기에 관한 법률(이하 '부동산실명법'이라고 한다) 제4조는 명의신탁약정 및 명의신탁약정에 따른 등기로 이루어진 부동산에 관한 물권변동은 무효로 한다고 규정하나, 동법 제8조에서 종중에 대한 특례를 두고 있다. 동법 제8조 제1호는 종중이 보유한 부동산에 관한 물권을 종중(종중과 그 대표자를 같이 표시하여 등기한 경우를 포함한다) 외의 자의 명의로 등기한 경우, 조세 포탈, 강제집행의 면탈 또는 법령상 제한의 회피를 목적으로 하지 아니하는 경우에는 제4조 등을 적용하지 아니한다고 규정한다. 따라서 종중재산에 대한 명의신탁은 탈법목적이 아닌 한 여전히 유효한 것으로서 허용된다.

판례도 종중은 원칙적으로 농지를 취득할 수 없지만[79] 구 농지개혁법 시행 당시 종중이 위토로 사용하기 위하여 농지를 취득하여 종중 외의 자의 명의로 명기한 경우, 그 명의신탁은 법령상 제한을 회피하기 위한 것이라고 볼 수 없어 부동산실명법 제8조 제1호의 규정에 의하여 유효하다고 하였다.[80]

이러한 판례의 입장은 부동산실명법의 제정 목적, 위 조항에 의한 특례의 인정취지, 다른 비법인사단과의 형평성 등을 고려할 때 위 조항에서 말하는 종중은 고유한 의미의 종중만을 가리키고 종중 유사의 비법인사단은 포함하지 않는 것으로 봄이 상당하다.[81·82]

문제는 이러한 법률상 예외 규정과 판례의 입장이 이미 지적한 명의신탁의 법리의 문제점을 그대로 가지고 있다는 점이다. 명의신탁법리는 일제가 만든 법리로서 신탁개념에도 부합하지 않으며, 소유권 개념과도 괴리된 기형적 법리이다. 물론 일제시대 이후 내려온 종중재산과 관련된 법적 규율을 하루아침에 부정할 경우 법적 안정성 침해 문제가 발생할 수 있으므로 이를 전면적으로 부정할 수는 없다. 다만, 명의신탁으로 인한 분쟁이 끊이지 않는 현실을 인식하고, 입법을 통해 소유권의 형식과 실질을 일치시키려는 노력을 좀 더 적극적으로 해야 한다고 본다.

3. 부동산등기법상 문제점

종중소유 부동산의 등기부상 소유자의 표시는 종중으로만 기재되어 있는 경우나 종중과 그 대표자가 같이 기재되는 것도 가능하다. 종중소유 부동산의 등기는 그 종중 자체가 등기권리자 또는 등기의무자가 되고(부동산등기법 제26조 제1항), 그 등기를 함에 있어서는 그 대표자나 관리인의 성명과 주소 및 주민등록번호를 기재하도록 되어 있으므로(부동산등기법 제26조 제2항, 제48조 제3항), 대표자 등이 등기부에 기재된 경우에는 등기 신청 당시의 새로운 대표자가 종중의 정관 기타 규약 등 대표자의 변경을 증명하는 서면을 첨부하여 등기명의인 표시변경등기를 신청하여야 한다. 다만 종중 대표자가 여러 번 변경된 경우에는 다른 등기신청과는 관계없이 그 변경에 따른 등기명의인 표시변경등기를 할 수도 있으나, 그대로 두었다가 그 부동산에 대한 등기신청을 할 당시의 대표자로 변경등기를 신청할 수도 있다.[83]

보통 문제가 되는 것은 일제시대 소유권등기를 경료한 종중이라고 하더라도 6·25와 같은 전란을 겪으면서 구등기부가 소실된 경우 제때 복구등기를 못해 미등기 상태로 종중 토지가 방치된 경우이다. 이 경우 토지대장이나 임야대장에는 소유권자로 종중 혹은 명의신탁 받은 종중원이 기재되어 있어 종중이 세금을 부담하는 경우가 많다. 세금을 부담하는데 미등기 상태로 방치되어 있는 것은 분명 문제라고 할 수 있다. 물론 종중 토지임을 확인하는 소유권확인소송을 통해 승소확정판결 후 등기를 하는 방법이 있기는 하다. 그러나 종중의 느린 의사결정구조와 종중원들의 참여도 저조, 명의신탁 해지를 위한 피고 특정 문제[84] 등으로 인해 사실상 종중명의의 등기를 회복하기 어렵다. 또한 전답의 경우처럼 위토대장의 증명이 없는 경우 소유권확인 확정판결을 받더라도 등기를 할 수 없다는 한계 역시 존재한다. 여기서 종중명의의 토지에 관한 간소화된 등기회복 절차 마련이 절실함은 두말할 필요가 없다.

4. 농지법상 문제점

농지법 제6조 제1항은 "농지는 자기의 농업경영에 이용하거나 이용할 자가 아니면 소유하지 못한다."라고 규정하여 비농업인의 농지소유를 금지하고 있다. 이에 관하여 판례도 "농지개혁법(1994. 12. 22. 「농지법」 제정으로 폐지)상 농지를 매수할 수 있는 자의 자격은 매매 당시 기성농가이거나 농가가 아니더라도 농지를 자경 또는 자영할 목적이 있는 자임을 요하고, 동법 소정의 농가라 함은 자연인에 한하는 것이므로 법인격 없는 사단인 사찰은 농지를 취득할 수 없다."라고 판시한 바 있다.[85]

따라서 단체의 특성상 직접 농업경영을 할 수 없는 종중은 원칙적으로 농지를 취득할 수 없다. 그러므로 위토를 목적으로 새로이 농지를 취득하는 것도 허용되지 아니하며, 다만 농지개혁 당시 위토대장에 등재된 기존 위토인 농지에 한하여 당해 농지가 위토대장에 종중명의로 등재되어 있음을 확인하는 내용의 위토대장 소관청 발급의 증명서를 첨부하여 그 종중명의로의 소유권이전등기를 신청할 수 있다.

과거 대부분의 종중들은 종중재산인 전답을 명의신탁 형태로 소유하고 있었는데, 오랜 기간 종중명의로 소유권등기를 이전하지 못하고 종중원 명의로 소유권 등기를 해둔 경우가 많다. 혈연인식이 강했던 과거에는 그나마 문제가 적었지만, 시간이 흘러 명의수탁 받은 종중원이 사망하고 명의수탁자의 후손이 등기를 상속하면서 종중 내 분쟁이 발생하는 경우가 많다. 종중들은 대개 전답을 종중의 토지로 인식하고 세금을 내고 있는데, 종중명의로 소유권이전등기를 할 수 없다는 것은 농지법 규정이 현실을 제대로 반영하지 못한 것이라고 할 수 있다. 역시 법 개정을 통한 해결이 시급하다고 하겠다.

5. 세법상 문제점

　지방세법 제106조 제1항 제3호 나목 및 동법 시행령 제102조 제2항 제4호는 종중이 소유하고 있는 임야를 토지에 대한 재산세 과세대상으로 하고 있다. 법 제107조는 재산세 과세기준일 현재 공부상에 개인 등의 명의로 등재되어 있는 사실상의 종중재산으로서 종중소유임을 신고하지 아니하였을 때에는 그 공부상 소유자는 재산세를 납부할 의무가 있으며, 제120조 제1항 제3호는 사실상 종중재산으로서 공부상에는 개인 명의로 등재되어 있는 재산의 공부상 소유자는 과세기준일부터 10일 이내에 그 소재지를 관할하는 지방자치단체의 장에게 그 사실을 알 수 있는 증거자료를 갖추어 신고하여야 한다며 신고의무를 규정하고 있다.

　종중은 구 소득세법 제1조 제3, 4항 및 동법 시행규칙 제2조 제1항에 규정된 단체의 대표자 또는 관리인이 선임되어 있고 이익의 분배방법 및 비율이 정하여져 있지 아니하는 단체로서 거주자로 보아 과세단위가 된다.[86]

　종중의 명의로 되어 있는 임야를 양도한 경우 양도소득세 등을 과세단위인 종중에 대하여 과세하지 않고 그 대표자 개인에게 부과한 과세처분은 위법하다.[87]

　세법상 토지대장 또는 임야대장상 기재에 따라 세금을 부과하는 것은 당연하지만, 등기부상 미등기임에도 공부상 소유권자로 기재되어 있다는 이유만으로 무조건 세금을 부과하는 것은 행정편의적 소지가 크다. 즉 미등기 토지임에도 대장상 소유자로 기재된 종중들 가운데에는 종중명의의 소유권확인소송에 패소하여 등기를 회복할 수 없음에도 계속 세금을 납부하는 경우가 존재한다. 비록 여러 가지 이유로 소송에는 패소하였지만, 종중은 물론 주변 사람들도 모두 종중 토지가 분명하다고 인식하고 있는 경우, 정서상 패소를 이유로 세금납부를 거부하는 종중은 그렇게 많지 않다. 역시 종중명의의 등기를 회복할 수 있도록 입법을 하는 등 개선이 필요한 부분이다.

제4장 종중재산의 귀속과 분쟁

宗中財産의 管理 및 運用

종중재산의 귀속과 분쟁

宗中財産의 管理 및 運用

제1절 종중재산의 형성 및 법적 성격

1. 종중재산의 의의와 종류

일반적으로 현재 우리가 생각하는 종중은 여말선초부터 성립된 것으로 추정되고, 임진왜란 이후 토지제도의 무질서와 상업자본의 출현으로 토지사유화가 진행되면서 발전하여 온 것으로 본다. 물론 우리 선조들의 조상을 숭배하고 혈족 간 유대를 중시하는 혈연중심적 사고와 문화가 고려 이전부터 있어왔음을 부정할 수는 없지만, 종중이 지닌 유교적 성격을 감안할 때 보통 조선 초기를 종중의 성립시기로 보아도 무방하다.

조선 중기 종중의 발전과 더불어 종중재산 또한 매우 활발하게 형성되었다. 종중재산은 선조의 제사를 봉행하고 종중원의 구조 등의 목적에 제공되는 종중소유의 재산을 종합하는 의미로서 그 종류로는 선조의 분묘를 모시고 있는 임야인 묘산墓山 또는 종산宗山이 있고, 선조의 제사비용을 충당하는 토지인 위토位土가 있다. 이와 같이 임야와 토지가 종중재산으로 설정되는 방법에는 여러 가지가 있는데, 일반적으로 공동선조가 그 의사에 의하여 혹은 그 유언에 의하여 묘산 또는 제위토를 설정하거나 종손이 그 봉사를 위하여 묘산, 제전을 설정하는 방법 혹은 종족의 공동출연에 의하여 묘산, 종전, 묘전 등의 종중재산을 설정하는 방법으로 이루어지고 있다.[1] 그뿐 아니라 학자나 공신이 왕으로부터 토지를 하사받아 이를 종중재산으로 형성하기도 하였다.

2. 종중재산의 소유형태

일제는 1912년 토지조사령에 의한 토지조사사업과 1918년 조선임야조사령에 의한 임야조사사업을 시행하여 사정과 재결이라는 절차를 거쳐서 근대적 의미의 소유권을 부여하였다. 개인은 법률행위 및 권리능력을 갖춘 것으로 인정되었기 때문에 이 사업에 따라 개인이 소유한 토지에 대한 사정은 전혀 무리가 없었다. 그러나 각종의 공유재산, 특히 종중재산의 소유관계를 사정함에 있어서 그 독특한 소유형태를 어떻게 규율할 것인지가 문제되었다.

조선총독부는 본래 종중을 법인으로 인정하지 않았기 때문에 종중재산의 소유주체를 '종중'으로 보지 않고 '종중원'의 공유로 보았다. 종중재산의 소유형태를 공유로 봄에 따라 종중재산에 대한 개별적인 지분처분을 막을 방안이 없었고 시간이 지나면서 종중재산의 등기명의인 및 제3자에 의한 종중재산의 처분과 관련한 분쟁이 많아졌다. 이러한 분쟁에 대하여, 문중 또는 그 일파가 조상의 묘지 또는 위토를 공동소유하는 경우에는 그 소유자가 조상의 제사수행을 목적으로 하므로 단일불가분적으로 그 소유권을 가지며, 그 권리자의 변동에 따라 위토 등에 대한 권리에 있어 분수적 비율에 따른 변동을 가져오는 것이 아니라는 문제제기가 있었다.[2]

조선고등법원은 1927년 이러한 문제제기를 수용해 연합부 판결로써 공유설을 폐기하고, "위토에 대한 공동소유는 관습상 항상 합유의 법률관계이지 공유관계는 아니다."[3]라고 하여 합유설을 취하였다. 이로써 종중재산은 종중원 전원의 공동목적수행을 위해 발생한 것으로 목적물에 대한 지분권이 없어졌고, 종중재산에 대한 권리는 이를 양도하거나 담보에 제공하는 등 임의로 처분할 수 없게 되었다.

그 후 현행민법이 시행되면서 종중의 법적 성격 및 종중재산의 소유형태에 대하여 판례와 대체의 학설은 종중을 공동선조의 분묘수호와 제사 및 종원 상호간의 친목 등을 목적으로 하여 구성되는 자연발생적인 종족집단으로 본다.[4] 종중은 관습상의 종족단체로서 공동선조의 후손이 그 구성원이 되며, 종중원이 중심이 되어 활동하는 단체이므로 종중원이 없으면 종중은 유지될 수 없는 비법인사단의 성격을 가진다. 그러므로 우리 판례는 종중재산은 민법 제275조 제1항에서 "법인 아닌 사단의 사원이 집합체로서 물건을 소유하는 때에는 총유로 한다."고 규정하고 있는 것을 근거로 하여 종중원의 총유에 속한다고 보고 있다. 이렇게 종중재산을 총유로 보는 것은 종중이 비법인사단이므로 민법상 총유로 봄이 타당하고, 이는 전통적으로 분묘수호와 제사봉양이라는 종중재산의 목적에 부합하는 것으로 보았기 때문이라고 할 수 있다.

현행법에 의하면, 비법인사단인 종중은 예외적으로 그 명의로 소유권을 취득할 수 있다(부동산등기법 제26조 및 부동산등기규칙 제48조). 종중소유의 재산은 종중원의 총유에 속하므로 그 관리 및 처분은 먼저 종중규약에서 정한 바가 있으면 이에 따라야 하고, 그 점에 관한 종중규약이 없으면 종중총회의 결의에 의하여야 함은 이미 본 바와 같다.[5]

3. 종중재산의 명의신탁

이미 언급한 대로 일제는 1912년 토지조사령에 의한 토지조사사업과 1918년 조선임야조사령에 의한 임야조사사업 등을 통하여 토지의 소유자를 사정함으로써 근대적 의미의 토지소유권을 확정하였는데, 그 당시 종중은 사단으로 인정되지 않았기 때문에 그 명의로 사정을 받을 수 없었고 종중이 소유하는 부동산은 종중명의로 등기할 수 없었다. 그렇기 때문에 종중소유의 재산을 종손이나 대표자의 명의로 등기를 해두는 명의신탁이 주로 사용되었다.

종중재산의 명의신탁은 그 종손이나 종중을 대표할 수 있는 종중원 한 사람 또는 수인에게 명의신탁을 하는 것이 통상적이다. 하지만 종중소유의 토지를 종손에게만 명의신탁하여야 한다는 관습은 존재하지 아니하고 종중재산의 관리권이 종손에게만 있는 것도 아닐뿐더러 종중재산을 종손 아닌 종중원에게 명의신탁하는 것이 관습에 어긋나는 것도 아니므로[6] 종중재산을 종손이나 종중을 대표할 수 있는 자가 아닌 일반 종중원인 자에게 명의신탁하는 형태로도 이루어졌다.

한편 1995. 3. 30. 법률 제4944호로 공포된 부동산실명법에 의하면 종중의 경우 조세 포탈, 강제집행의 면탈 또는 법령상 제한의 회피를 목적으로 하지 아니하는 경우에는 부동산에 대한 명의신탁금지의 원칙을 적용하지 아니한다(동법 제8조). 따라서 종중원에게 신탁된 종중재산의 경우 제3자로의 처분이 원칙적으로 유효하므로 이러한 명의신탁의 예외규정을 악용하여 종중재산의 명의수탁자가 종중재산을 임의로 처분하는 예가 빈번하게 발생하고 있다. 또한 명의신탁된 종중부동산의 토지수용 공탁금의 귀속과 관련해서도 대상청구권에 관한 문제 등 여러 가지 복잡한 문제가 야기되었다. 이와 관련하여 구체적인 사항은 후술하기로 한다.

4. 종중재산의 증명

앞서 서술한 바와 같이 일제당시 종중은 그 명의로 사정을 받을 수 없었기에 종중원에게 명의신탁하는 방법으로 사정을 받거나 등기를 하였고, 농지법의 시행 이후에는 예외적인 경우를 제외하고는 종중의 농지 소유가 금지되면서 종중원 명의로 등기해두는 경우가 많았다. 이처럼 실제 종중재산임에도 불구하고 개인 소유로 등기되어 있는 형식과 실질의 불일치가 생기면서 개인과 종중 사이에 특정 토지에 관하여 소유권 귀속의 분쟁이 많이 발생하게 되었다.

어느 재산이 종중재산임을 주장하는 당사자는 그 재산이 종중재산으로 설정된 경위에 관하여 주장·입증을 하여야 할 것이나 이는 반드시 명시적임을 요하지 아니하며, 어느 재산이 종중재산이라는 주장·입증 속에 그 설정 경위에 관한 사실이 포함되어 있다고 볼 수 있으면 족하다. 또한 그 설정 경위의 입증은 간접사실 등을 주장·입증함으로써 그 요건사실을 추정할 수 있으면 족하다 할 것이다. 한편 명의신탁은 등기의 추정력을 전제로 하면서 그 등기가 명의신탁계약에 의해 성립된 사실을 주장하는 것이므로, 그 등기에 추정력이 있다고 하더라도 명의신탁자는 명의수탁자에게 대하여 등기가 명의신탁에 의한 것임을 주장할 수 있다.[7]

종중원 명의로 등기된 묘산이나 위토가 종중소유인지 종원 개인의 소유인지를 판정하는 기준은 명확히 확립되어 있지 않으므로, 종중재산의 판단은 계쟁 부동산인 임야나 전답이 묘산이나 위토에 해당하는지 여부, 종중소유로서 명의신탁한 재산인지 아니면 개인 소유인지에 대한 사실인정의 문제로 귀결될 것이다.

묘산, 위토라고 하더라도 바로 종중소유로 단정할 수는 없으며 묘산, 위토를 종중재산으로 판단하기 위해서는 묘산, 위토가 종중재산으로 설정된 사실이 인정되어야 하고, 이는 사정 당시 종중이 소유관리하고 있던 사실, 당사자의 의사, 당해 종중의 관습, 종손의 위치 등을 종합적으로 고려하여 종중재산을 개인에게 명의신탁을 한 경위를 주장·입증하는 방법에 의하여 가능할 것이다.[8]

이와 관련하여 토지조사부에 수필지 토지가 거주지가 서로 다른 종중원들의 공동명의로 사정받은 것으로 되어 있거나,[9] 토지조사부, 임야대장 등에 계쟁의 수필지 토지가 모두 원고 종중의 종중원들 명의로 사정되었고 그 대부분의 토지에 관한 공부상 소유명의가 계파와 거주지가 서로 다른 종중원들의 공동명의로 되어 있다면 위 증거들은 모두 위 토지가 원고 종중의 소유라는 주장을 뒷받침하는 자료로 볼 수 있을 것이다.[10]

제2절 종중의 농지 소유

1. 종중의 농지 소유 제한

1996년 1월부터 시행되고 있는 농지법은 농지개혁법, 농지의 보전 및 이용에 관한 법률, 농지임대차관리법, 농어촌발전특별조치법, 지력증진법 등 농지 관련 법률들을 통합한 것으로서 농지와 관련된 기본법의 성격을 가지고 있다.[11]

농지법 제6조 제1항에 따르면 비농업인의 농지 소유를 금지하고 있지만, 농지개혁 당시 위토대장에 등재된 기존 위토인 농지에 한하여 당해 농지가 위토대장에 종중명의로 등재되어 있음을 확인하는 내용의 위토대장 소관청 발급의 증명서를 첨부하여 그 종중명의로의 소유권이전등기를 신청할 수 있다.[12] 여기서 기존의 위토란 농지개혁 당시에 위토대장에 기존 위토로서 등재되어 있는 그 당해 농지를 말하는 것이므로 종중이 기존에 농지를 위토로 소유하고 있었다 하더라도 그 농지가 수용되어 그 보상금으로 새로 구입한 다른 농지를 위토로 취득할 수는 없다.

2. 종중이 소유하는 농지

종중이 소유하는 대표적인 농지로는 제사를 지내기 위해 마련된 토지인 위토가 있다. 위토는 분묘수호를 위하여 필요한 토지를 지칭하는 것으로서, 비록 경작자로부터 소작료를 징수한다고 할지라도 그것이 분묘관리나

제수용에 충당되는 이상 이에 해당하고,[13] 분묘소재지로부터 떨어져 있고 또 경작자가 분묘수호인이 아니라 할지라도 어떤 분묘를 위하여 봉행되는 제사의 제수를 마련하기 위한 비용에 충당하기 위하여 경작하는 농지라면 위토라고 함이 상당하다.[14] 농지의 경작이 소작료를 징수하려는 목적이 아니고 분묘를 수호하기 위한 것이었다면 그 농지 소유자와 분묘 소유자가 각각 다르다고 하더라도 이를 위토로 보아야 한다.[15]

다만, 위토 또는 묘산이라는 사실만으로 이를 종중의 소유로 볼 수 없다. 어느 토지가 특정 묘의 위토로 되어 있는 경위는 그 특정 묘와 관계있는 종중이 그 소유권을 취득하여 위토 설정을 한 경우와 후손 중의 어느 개인이 개인 소유의 토지를 특정 선조묘의 위토로 설정하는 경우 등이 있을 수 있으므로 이를 종중의 소유로 볼 수 없으며, 위토라고 하여 반드시 묘주의 소유라고 할 수 없는 경우도 있다.[16]

현행법상으로 종중은 몇 가지 예외적인 방법으로 농지 소유를 할 수 있다.

첫째, 농지법(법률 제4817호, 1994. 12. 22. 제정) 부칙 제5조의 경과조치에 따라 농지법 시행 당시 농지를 소유한 경우에는 농지법 제6조의 농지 소유 제한에 해당하지 않으므로, 기존에 종중명의로 농지를 소유한 경우에는 계속하여 종중명의로 농지를 소유할 수 있고, 다만 종중명의로 농지를 추가로 취득하는 것만이 금지될 뿐이다.

둘째, 부동산실명법 제8조에서는 종중재산의 명의신탁을 예외적으로 허용하고 있으므로, 종중이 소유한 농지에 대해서도 농업인의 명의로 명의신탁을 통하여 소유할 수 있다.[17] 판례는 "종중은 원칙적으로 농지를 취득할 수 없지만 구 농지개혁법상 예외적으로 위토의 경우 일정한 범위 내에서 종중도 농지를 취득할 수 있는바, 구 농지개혁법 시행 당시 종중이 위토로 사용하기 위하여 농지를 취득하여 종중 외의 자의 명의로 명기한 경우, 그 명의신탁은 법령상 제한을 회피하기 위한 것이라고 볼 수 없어 부동산 실권리자 명의 등기에 관한 법률 제8조 제1호의 규정에 의하여 유효하다."고 판시한 바 있다.[18]

또한 농지개혁법 제6조 제1항 제7호 소정의 위토는 위토신고가 실질적으로 누구에 의하여 이루어진 것이든, 수호인을 누구로 하였든, 위토가 누구의 묘를 수호하기 위한 것이었든지 간에 분배대상농지가 아니어서 국가에 매수 취득되지 아니하는 것이고, 위토의 소유권은 일반 소유권과 어떠한 차이가 있을 수 없으므로 위토에 대한 명의신탁관계는 농지개혁법이 공포·시행되어도 그대로 유지된다.[19]

구체적인 사례를 살펴보면 다음과 같다.

① 종중의 명의신탁 사실이 인정된다 하더라도, 어떤 종중원 앞으로 명의신탁 되어 있는 농지에 대하여 종중명의로의 이전등기 없이 다른 종중원 앞으로 명의수탁자 변경을 할 수 없으며, 이는 해당농지에 대하여 명의수탁자 변경을 결의한 종중결의서와 종중이 갑을 상대로 하여 취득시효완성을 원인으로 한 소유권이전등기 소송에서 승소한 판결문을 첨부 정보로 제공한다 하더라도 마찬가지라고 보았다.[20]

② 공부상 지목이 농지라 하더라도 관할 행정관청이 발급하는 서면에 의하여 실제로 농지가 아니라는 것이 증명되는 경우에는, 그 부동산에 대한 소유권이전등기 신청 시 농지취득자격증명을 첨부할 필요는 없음은 앞서 설명한 바와 같다. 그런데 어떠한 서면이 그러한 사실을 증명하는 서면에 해당하는지 여부는 당해 등기신청을 받은 등기관이 구체적으로 판단할 사항인데, '도로(사도, 마을진입로)로 사용하고 있다는 뜻이 기재된 농지취득자격증명 반려통지서만'으로는 토지의 전부나 일부가 도로인지, 포장된 도로인지, 농지로의 원상회복이 가능한지 등을 알 수 없으므로 사실상 농지가 아님을 증명할 수 있는 서면에 해당되지 않는다고 보았다.[21]

반면 '농지가 쓰레기 매립장 부지로 편입되어 매립이 완료단계에 있는 토지로서 농작물 또는 다년생식물의 재배가 불가하다는 내용이 기재된 시장 발행의 사실조회에 대한 회신'은 위 서면에 해당된다고 보았다.[22]

③ 농지법 시행령 제7조[23]에 의하면 시효의 완성으로 농지를 취득하는 경우에는 농지취득자격증명을 발급하지 아니하도록 규정되어 있으나, 이는

농지의 소유 제한에 해당하지 않는 경우에 농지취득자격증명의 첨부 없이 소유권에 관한 등기가 가능하다는 것이며, 종중과 같이 농지의 소유 제한에 해당하는 경우에도 농지의 취득이 가능하다는 것은 아니라고 보았다. 따라서 비록 종중이 시효의 완성으로 토지를 취득하였다 하더라도 그 토지가 농지에 해당한다면 취득할 수 없다고 보았다.[24]

④ 종중은 농지개혁 당시 위토대장에 등재된 기존 위토인 농지 외에는 농지를 소유할 수 없으므로, 기존 위토를 처분하고 위토용으로 농지를 매수하였다 하더라도 종중명의로 소유권이전등기를 할 수는 없다고 보았다.[25]

⑤ 현행 농지법 하에서 종중은 농지개혁 당시 위토대장에 등재된 기존 위토인 당해 소유 농지에 한하여 계속 소유할 수 있으나, 이때의 기존 위토란 농지개혁 당시에 위토대장에 종중의 위토로서 등재되어 있는 그 당해 농지를 말하는 것이다. 따라서 종중이 기존에 농지를 위토로 소유하고 있었다 하더라도 그 농지가 수용되어 그 보상금으로 새로이 구입한 다른 농지를 위토로 취득할 수는 없다고 보았다.[26]

3. 농지의 종중명의로의 등기[27]

종중은 원칙적으로 농지를 취득할 수 없으므로, 지목이 농지나 토지의 현상이 농작물의 경작 또는 다년생식물의 재배지로 이용되지 않음이 관할관청이 발급하는 서면에 의하여 증명되는 경우 등 농지법 기타 법령에서 인정되는 경우를 제외하고는 종중이 지목이 '전' 또는 '답'인 토지를 취득하여 그 명의로 소유권이전등기를 경료 받을 수는 없다.

종중은 농지법상의 농지취득자격증명을 제시하지 않는 이상 농지에 관한 등기 신청을 할 수 없지만, 이러한 요건은 효력발생요건이 아니므로 상대방에 대한 종중의 소유권이전등기청구권을 발생시키는 데 장애가 되는 것은 아니다. 즉, 종중은 농지인 토지에 관하여서도 소유권이전등기청구 소송에서 승소하여 소유권이전등기를 명하는 판결을 받을 수는 있다.

그러나 집행 단계에서 실제로 종중이 농지에 관한 소유권이전등기를 받을 수 있는지의 여부는 별도의 문제로, 이는 예외사유에 해당하지 않는 이상 '종중은 농지를 취득할 수 없다'는 원칙으로 돌아가, 결국 종중은 소유권이전등기를 신청할 수 없게 되는 것이다.

우리 대법원은 "농지법 제8조 제1항 소정의 농지취득자격증명은 농지를 취득하는 자가 그 소유권에 관한 등기를 신청할 때에 첨부하여야 할 서류로서, 농지를 취득하는 자에게 농지취득의 자격이 있다는 것을 증명하는 것일 뿐 농지취득의 원인이 되는 법률행위의 효력을 발생시키는 요건은 아니라"고 설시한 다음, 농지에 관한 소유권이전등기청구소송에서 비록 원고가 사실심 변론종결시까지 농지취득자격증명을 발급받지 못하였다고 하더라도 피고는 자신의 소유권이전등기의무가 이행불능임을 내세워 원고의 청구를 거부할 수 없다고 하여, 농지에 관한 종중의 소유권이전등기청구가 가능하다고 하였다.[28]

종중원 명의로 소유권등기가 경료되어 있는 부동산에 대하여는 부동산 실명법상의 유예기간과 관계없이 종중명의로 명의신탁 해지를 원인으로 하는 소유권이전등기를 경료 받을 수 있는 것이나, 그 목적 부동산이 농지인 때에는 당해 농지가 농지개혁 당시 위토대장에 등재된 기존 위토임을 확인하는 위토대장 소관청 발급의 증명서를 첨부하거나, 위의 요건을 갖춘 경우에 한하여 종중명의로 등기를 할 수 있다.[29]

이와 달리 보증서 또는 공증서면,[30] 당해 농지가 농지개혁 당시 위토였다는 사실이 나타나 있지 아니한 소유사실확인원,[31] 농지개혁 당시 위토대장에 등재된 기존 위토인 농지의 경우 농지관리위원회 위원장이 발행한 위토확인서[32]를 첨부하여서는 종중명의로 등기를 할 수 없다.

참고로 종중이 특별조치법에 따라 농지를 종중명의로 소유권이전등기 신청하기 위하여는 다음과 같은 서면들을 갖추어야 한다.

① 종중이 부동산소유권이전등기등에관한특별조치법(법률 제4502호)에
  의하여 농지에 대한 소유권이전등기 등을 신청하는 경우

위 특별조치법 소정의 확인서에 당해 농지를 위토로서 사실상 소유하
고 있다는 사유가 기재되거나 따로 위토임을 증명하는 서면을 제출하여야
한다. 그리고 위토를 증명하는 서면으로는 시장, 군수 등이 위토대장에 의
하여 발급하는 것이거나(농지개혁법 시행규칙 제11조, 제12조 참조), 관할 농지
관리위원회 위원장이 발급하는 위토확인서(농지임대차관리법 시행규칙 제2조
제1호 참조)도 이에 해당한다(등기선례 4-744).

② 1995. 6. 30. 이전에 사실상 양수받은 농지

해당 농지가 「부동산 소유권 이전등기 등에 관한 특별조치법」(법률 제
7500호)의 적용대상이 되고, 농지개혁 당시 위토대장에 등재된 기존 위토임을
확인하는 내용의 위토대장 소관청 발급의 증명서를 첨부할 경우에는 위 법률
에 의하여 종중명의로 소유권이전등기를 신청할 수 있다(등기선례 8-367; 등
기선례 200604-3).

③ 분묘를 수호하기 위한 농지 취득

부동산소유권이전등기등에 관한 특별조치법에 의한 취득이라 하더라도
종중이 일반재산으로서의 농지를 취득할 수는 없고 다만 기존 위토가 없는
분묘를 수호하기 위하여 분묘 1위당 600평 이내의 농지를 위토로 하기 위
하여서 취득할 수 있을 뿐이다. 그리고 이 경우에도 위토로 하기 위하여 농
지를 취득한다는 취지가 기재된 농지매매증명을 제출하여야만 그 취득등기
가 가능한 것이다(등기선례 1-783).

④ 수복지역내소유자미복구토지의복구등록과보존등기등에관한특별조
  치법(1982. 12. 31. 법률 제3627호)에 의한 농지의 소유권이전등기
  신청

종중은 일반적으로 농지를 취득할 수 없으나, 농지개혁법 제6조 제7호
의 규정에 비추어 기존 위토가 없는 분묘를 수호하기 위하여 분묘 1위당
600평 이내의 농지를 위토로 취득할 수는 있다 할 것인바, 일반인이 수복지

역내소유자미복구토지의복구등록과보존등기등에관한특별조치법(1982. 12. 31. 법률 제3627호)에 의하여 농지의 소유권이전등기를 신청하는 경우에는 동법 제16조 제2항의 규정에 따라 농지매매증명의 제출은 요하지 아니한다 하더라도, 종중의 경우에는 확인서에 종중이 현재 그 농지를 위토로서 소유하고 있다는 사유가 기재되어 있지 않은 경우에는 그 토지가 종중의 위토임을 증명하는 서면을 제출하여야 할 것이다(등기선례 4-61).

한편, 농지에 대하여 종중이 소유권이전등기 승소판결을 받은 경우 그에 따른 등기신청 시 첨부할 서면은 다음과 같다.

① 농지매매증명

농지에 관하여 종중이 명의신탁 해지를 원인으로 하는 소유권이전등기 절차이행을 명하는 확정판결을 받았다고 하더라도, 그 판결에 의하여 소유권이전등기를 신청함에 있어서는 농지매매증명을 제출하여야 한다(등기선례 3-519).

② 위토대장 소관청 발급의 증명서

종중은 원칙적으로 농지를 취득할 수 없으므로 개간된 농지에 대하여 명의신탁 해지를 원인으로 한 종중명의로의 소유권이전등기 이행판결을 받았다고 하더라도 농지개혁 당시 그 농지가 위토대장에 등재되어 있음을 확인하는 내용의 위토대장 소관청 발급의 증명서를 첨부하는 경우에 한하여 종중명의로의 소유권이전등기를 신청할 수 있다(등기선례 4-51).

③ 관할관청이 발급하는 서면

종중원 명의로 소유권등기가 경료되어 있는 부동산에 대하여는 「부동산 실권리자명의 등기에 관한 법률」상의 유예기간과 관계없이 종중명의로 명의신탁 해지를 원인으로 하는 소유권이전등기를 경료 받을 수 있는 것이나, 종중은 원칙적으로 농지를 취득할 수 없으므로, 농지개혁 당시 위토대장에 등재된 기존 위토인 농지에 한하여 당해 농지가 위토대장에 등재되어 있음을 증명하는 내용의 위토대장 소관청 발급의 증명서를 첨부하는 경우나, 지목이 농지이나 토지의 현상이 농작물의 경작 또는 다년생식물의 재배지로 이용되지 않음이 관할관청이 발급하는 서면에 의하여 증명되는 경우 등 농지법 기타 법령에서 인정되는 경우를 제외하고는 종중이 명의신탁 해지를 원인으로 한 소유권이전등기 소송에서 승소판결을 받았다고 하더라도 종중명의로의 소유권이전등기를 경료 받을 수는 없다(등기선례 8-344; 등기선례 8-362; 등기선례 200505-6; 등기선례 6-475).

④ 부동산소유권이전등기등에관한특별조치법(법률 제4502호)에 의하여 발급받은 확인서

종중은 위토로서 취득하는 경우를 제외하고는 농지를 소유할 수 없기 때문에 위토임을 증명하는 서면을 첨부하지 않고는 종중명의로 소유권이전등기는 물론 소유권보존등기를 할 수 없다. 그리고 위토임을 증명하는 서면은 시장, 군수 등이 위토대장에 의하여 발급하는 것이나 부동산소유권이전등기등에관한특별조치법(법률 제4502호)에 의하여 발급받은 확인서에 종중이 위토로 소유한다는 취지가 기재된 경우에는 그 확인서도 위토임을 증명하는 서면에 해당된다(등기선례 4-667).

⑤ 종중의 위토임을 증명하는 서면

종중은 일반적으로 농지개혁법에서 정한 위토를 제외하고는 농지의 소유자가 될 수 없으므로, 종중이 부동산소유권이전등기등에관한특별조치법(법률 제4502호)에 의하여 농지에 대한 소유권이전등기등을 신청하는 경우에는 위 특별조치법 소정의 확인서에 당해 농지를 위토로서 사실상 소유하고 있다는 사유가 기재되거나 따로 위토임을 증명하는 서면을 제출하여야 한다. 그리고 위토를 증명하는 서면으로는 시장, 군수등이 위토대장에 의하여 발급하는 것이거나(농지개혁법 시행규칙 제11조, 제12조 참조), 관할 농지관리위원회 위원장이 발급하는 위토확인서(농지임대차관리법 시행규칙 제2조 제1호 참조)도 이에 해당한다(등기선례 4-744).

다만, 다음과 같은 경우에는 농지취득자격증명 제출이 필요하지 않다.

① 위토확인증을 제출하는 경우

농지에 관하여 명의신탁 해지를 원인으로 한 종중명의로의 소유권이전 등기를 신청함에 있어서, 당해 농지가 농지개혁법 시행 당시 그 종중의 위 토임을 증명하는 위토확인증(농지개혁법 제6조 제1항 제7호, 제19조 제2항, 농지 임대차관리법 시행령 제2조, 동법 시행규칙 제2조 참조)을 제출하는 경우에는 농 지매매증명을 제출할 필요는 없을 것이나, 종중의 부동산등기용등록번호를 증명하는 서면(부동산등기법 제40조 제1항 제7호 참조)은 제출하여야 한다(등기 선례 3-844).

② 종중이 공익사업을 위한 토지의 취득 및 보상에 관한 법률 제91조 의 환매권을 행사하여 등기를 신청하는 경우

종중은 「공익사업을 위한 토지의 취득 및 보상에 관한 법률」 제91조의 환매권을 행사하여 농지를 취득할 수 있고 동 규정에 의한 환매권자가 환매 권을 행사하여 농지에 대한 소유권이전등기를 신청하는 경우에는 농지취득 자격증명을 첨부할 필요가 없는바, 이는 종중이 위 법률에 의한 환매권을 행사하는 경우(농지개혁 당시 위토대장에 등재된 기존 위토인 농지 여부 불문함)에 도 같다(등기선례 200802-2; 등기선례 8-229; 등기선례 8-24).

③ 종중소유의 농지에 대하여 농어촌정비법의 규정에 의한 교환·분합 등기를 신청하는 경우

농지의 집단화를 위하여 필요한 경우에는 2인 이상의 토지소유자가 상 호 협의에 의하여 농지의 교환·분합을 시행한 후 그에 따른 등기를 신청할 수 있으며, 이 경우 농지의 등기부상 소유명의인이 종중이라고 하여 특별한 제한이 있는 것도 아니며, 또한 그러한 등기신청서에 농지취득자격증명을 첨부할 필요도 없다(등기선례 6-568).

④ 공부상 지목은 농지이나 실제로는 농지가 아니라는 것이 증명되는 경우

공부상 지목은 농지이나 관할 행정관청이 발급하는 서면에 의하여 실 제로 농지가 아니라는 것이 증명되는 경우에는 그 부동산에 대하여 농지취

득자격증명 없이 소유권이전등기를 신청할 수 있는바, 어떠한 서면이 그러한 사실을 증명하는 서면에 해당하는지는 당해 등기신청을 받은 등기관이 구체적으로 판단할 사항이나, 농지가 쓰레기 매립장 부지로 편입되어 매립이 완료단계에 있는 토지로서 농작물 또는 다년생식물의 재배가 불가하다는 내용이 기재된 시장 발행의 사실조회에 대한 회신은 위 서면에 해당된다고 할 수 있을 것이다(등기선례 5-738).

⑤ 도시계획구역 중 녹지지역 내의 농지가 도시계획사업에 필요한 경우

도시계획구역 중 녹지지역 내의 농지에 대하여는 그 농지가 도시계획사업에 필요한 경우에 한하여 농지취득자격증명을 첨부함이 없이 소유권이전등기를 경료 받을 수 있는바, 도시지역 내의 자연녹지지역에 소재한 지목이 '답'인 토지의 토지이용계획확인원 중 도시계획시설란에 '도로저촉, 전기공급설비'라고 기재되어 있고 토지의 전부 또는 대부분이 도로로 사용되고 있는 사실이 도시계획확인도면상 표시되어 있다면, 토지이용계획확인원을 첨부(농지취득자격증명을 첨부할 필요 없이)하여 종중명의로 소유권이전등기를 신청할 수 있을 것이다(등기선례 5-37).

⑥ 도로에 편입된 농지

농지가 도로법에 의하여 도로구역으로 결정고시되었다면 농지취득자격증명은 첨부할 필요 없이 그 농지가 도로구역으로 편입되었다는 증명서를 첨부하여 종중명의로의 소유권이전등기를 신청할 것이며, 소유권이전등기를 명한 판결이 있은 후 그 토지가 분할된 것이라면 판결경정을 받을 것이 아니고 분할된 상태로 소유권이전등기를 신청하면 된다(등기선례 4-731).

⑦ 농지인 토지의 등기부가 멸실된 경우

지목이 농지인 토지의 등기부가 멸실되었으나 종중이 등기부상의 소유자로서 멸실회복등기 기간 내에 회복등기를 신청하지 못하고 나중에 필요서면(멸실직전의 등기부등본, 당해 등기부가 멸실되었다는 사실을 증명하는 서면 등)을 첨부하여 소유권보존등기를 신청하는 경우에는 농지취득자격증명을 첨부할 필요가 없다(등기선례 7-474).

참고: 농지의 소유권이전등기에 관한 대법원 등기 예규

농지의 소유권이전등기에 관한 사무처리지침

개정 2011. 10. 12. [등기예규 제1415호, 시행 2011. 10. 13.]

1. 대상토지

이 지침은 토지대장상 지목이 전·답·과수원인 토지(이하 "농지"라 한다)에 대하여 소유권이전등기를 신청하는 경우에 해당 농지가 어느 시기에 조성, 등록전환 또는 지목 변경되었는지를 불문하고 이를 적용한다.

2. 농지취득자격증명을 첨부하여야 하는 경우

가. 아래의 경우에는 「농지법」 제8조 제1항의 규정에 의하여 농지의 소재지를 관할하는 시장(도농복합형태의 시에 있어서는 농지의 소재지가 동지역인 경우에 한한다)·구청장(도농복합형태의 시의 구에 있어서는 농지의 소재지가 동지역인 경우에 한한다)·읍장 또는 면장이 발행하는 농지취득자격증명을 소유권이전등기신청서에 첨부하여야 한다.

(1) 자연인 또는 「농어업경영체 육성 및 지원에 관한 법률」 제16조에 따라 설립된 영농조합법인과 같은 법 제19조에 따라 설립되고 업무집행권을 가진 자 중 3분의 1 이상이 농업인인 농업회사법인이 농지에 대하여 매매, 증여, 교환, 양도담보, 명의신탁 해지, 신탁법상의 신탁 또는 신탁해지, 사인증여, 계약해제, 공매, 상속인 이외의 자에 대한 특정적 유증 등을 등기원인으로 하여 소유권이전등기를 신청하는 경우. 다만, 아래 제3항에서 열거하고 있는 사유를 등기원인으로 하여 소유권이전등기를 신청하는 경우에는 그러하지 아니하다.

(2) 「초·중등교육법」 및 「고등교육법」에 의한 학교, 「농지법 시행규칙」 제5조 관련 별표2에 해당하는 공공단체 등이 그 목적사업을 수행하기 위하여 농지를 취득하여 소유권이전등기를 신청하는 경우

(3) 「농지법」 제6조 제2항 제9호의2에 따른 영농여건불리농지를 취득하여 소유권이전등기를 신청하는 경우

나. 국가나 지방자치단체로부터 농지를 매수하여 소유권이전등기를 신청하는 경우 및 농지전용허가를 받거나 농지전용신고를 한 농지에 대하여 소유권이전등기를 신청하는 경우와 동일 가구(세대)내 친족간의 매매등을 원인으로 하여 소유권이전등기를 신청하는 경우에도 농지취득자격증명을 첨부하여야 한다.

3. 농지취득자격증명을 첨부할 필요가 없는 경우

아래의 경우에는 농지취득자격증명을 첨부하지 아니하고 소유권이전등기를 신청할 수 있다.

가. 국가나 지방자치단체가 농지를 취득하여 소유권이전등기를 신청하는 경우

나. 상속 및 포괄유증, 상속인에 대한 특정적 유증, 취득시효완성, 공유물 분할, 매각, 진정한 등기명의 회복, 농업법인의 합병을 원인으로 하여 소유권이전등기를 신청하는 경우

다. 「공익사업을 위한 토지 등의 취득 및 보상에 관한 법률」에 의한 수용 및 협의취득을 원인으로 하여 소유권이전등기를 신청하는 경우 및 「징발재산정리에 관한 특별조치법」 제20조, 「공익사업을 위한 토지 등의 취득 및 보상에 관한 법률」 제91조의 규정에 의한 환매권자가 환매권에 기하여 농지를 취득하여 소유권이전등기를 신청하는 경우

라. 「국가보위에 관한 특별조치법 제5조 제4항에 의한 동원대상지역 내의 토지의 수용·사용에 관한 특별조치령에 의하여 수용·사용된 토지의 정리에 관한 특별조치법」 제2조 및 제3조의 규정에 의한 환매권자등이 환매권등에 의하여 농지를 취득하여 소유권이전등기를 신청하는 경우

마. 「농지법」 제17조의 규정에 의한 농지이용증진사업시행계획에 의하여 농지를 취득하여 소유권이전등기를 신청하는 경우

바. 도시지역 내의 농지에 대한 소유권이전등기를 신청하는 경우, 다만 도시지역 중 녹지지역 안의 농지에 대하여는 도시계획시설사업에 필요한 농지에 한함(「국토의 계획 및 이용에 관한 법률」 제83조 제3호 참조)

사. 「농지법」 제34조 제2항에 의한 농지전용협의를 완료한 농지를 취득하여 소유권이전등기를 신청하는 경우 및 「국토의 계획 및 이용에 관한 법률」 제118조의 규정에 의하여 토지거래계약 허가를 받은 농지에 대하여 소유권이전등기를 신청하는 경우(「국토의 계획 및 이용에 관한 법률」 제126조 제1항 참조)

아. 「농지법」 제13조 제1항 제1호부터 제6호까지에 해당하는 저당권자가 농지저당권의 실

행으로 인한 경매절차에서 매수인이 없어 「농지법」 제13조 제1항의 규정에 의하여 스스로 그 경매절차에서 담보농지를 취득하는 경우 및 「자산유동화에 관한 법률」 제3조의 규정에 의한 유동화전문회사 등이 「농지법」 제13조 제1항 제1호부터 제4호까지의 규정에 의한 저당권자로부터 농지를 취득하는 경우

자. 한국농어촌공사가 「한국농어촌공사 및 농지관리기금법」에 의하여 농지를 취득하거나, 「농어촌정비법」 제16조에 의하여 농지를 취득하여 소유권이전등기를 신청하는 경우

차. 「농어촌정비법」 제25조 소정의 농업생산기반 정비사업 시행자에 의하여 시행된 환지계획 및 같은 법 제43조 소정의 교환·분할·합병에 따라 농지를 취득하여 소유권이전등기를 신청하는 경우와 같은 법 제82조 소정의 농어촌관광휴양단지개발사업자가 그 사업의 시행을 위하여 농어촌관광휴양단지로 지정된 지역 내의 농지를 취득하여 소유권이전등기를 신청하는 경우

카. 「농어촌정비법」 제96조의 규정에 의하여 지정된 한계농지등의 정비사업시행자가 정비지구안의 농지를 취득하여 소유권이전등기를 신청하는 경우(같은 법 제100조 참조)

타. 지목이 농지이나 토지의 현상이 농작물의 경작 또는 다년생식물재배지로 이용되지 않음이 관할관청이 발급하는 서면에 의하여 증명되는 토지에 관하여 소유권이전등기를 신청하는 경우

파. 「산업집적활성화 및 공장설립에 관한 법률」 제13조 제1항 또는 제20조 제2항의 규정에 의한 공장설립등의 승인을 신청하여 공장입지승인을 얻은 자 및 「중소기업창업 지원법」 제33조 제1항의 규정에 의한 사업계획의 승인을 신청하여 공장입지승인을 얻은 자가 당해 농지를 취득하여 소유권이전등기를 신청하는 경우(「기업활동 규제완화에 관한 특별조치법」 제9조 제4항, 제13조 참조)

4. 종중의 농지취득

종중은 원칙적으로 농지를 취득할 수 없으므로 위토를 목적으로 새로이 농지를 취득하는 것도 허용되지 아니하며, 다만 농지개혁 당시 위토대장에 등재된 기존 위토인 농지에 한하여 당해 농지가 위토대장에 종중명의로 등재되어 있음을 확인하는 내용의 위토대장 소관청 발급의 증명서를 첨부하여 그 종중명의로의 소유권이전등기를 신청할 수 있다.

5. 다른 등기예규의 폐지 및 개정

등기예규 제5호(등기예규집 제597항, 이하 괄호 안의 번호는 등기예규집의 항번호를 말한다), 제15호(제594항), 제26호(제590항), 제29호(제582항), 제49호(제585항), 제65호(제589항), 제88호(제592항), 제227호(제606항), 제273호(제584항), 제274호(제583항), 제381호(제587항), 제464호(제588항), 제521호(제595항), 제596호(제593항), 제597호(제596항), 제736호(제598항), 제802호(제584-1항)는 이를 각 폐지하고, 등기예규 제721호(제92항)의 2.① 중 "농지개혁법 제19조 제2항"을 "농지법 제8조"로, 등기예규 제718호(제266항)의 5. 중 "임야매매증명 및 농지개혁법 제19조 제2항의 규정에 의한 농지매매증명의 제출을 요하지 아니한다."를 "임야매매증명의 제출을 요하지 아니한다."로 각 개정한다.

부 칙(1998. 03. 06. 제920호)

(다른 예규의 폐지) 공업배치및공장설립에관한법률에 의한 공정설립시 그 공장용지의 매수에 따른 농지 소유권이전등기와 농지취득 자격증명(등기예규 제896호)은 이를 폐지한다.

부 칙(2007. 04. 03. 제1177호)

(다른 예규의 폐지) 분배농지의 소유권이전등기처리요령(등기예규 제7호), 분배농지의 소유권이전등기신청의 명의인표시(등기예규 제13호), 상환완료로 인한 분배농지 취득의 효력(등기예규 제90호), 분배농지에 대한 관리청 명칭 첨기등기 요부(등기예규 제173호), 분배농지의 상환증서와 등기부의 표시가 불일치한 경우의 처리방법(등기예규 제25호), 등기부상 지목이 잡종지로서 군정법령 제33호 의하여 국가에 권리귀속된 토지를 농지로서 분배한 경우 그 상환완료에 따른 등기처리(등기예규 제117호), 분배농지의 등기처리절차(등기예규 제9호), 분배농지의 등기처리절차(등기예규 제8호), 상환농지에 대하여 지주의 상속등기의 말소(등기예규 제150호), 농지개혁법 제19조 제2항의 증명없이 경료한 등기의 효력(등기예규 제95호), 농지 이전등기신청서의 첨부서면(토지대장)에 의하여 도시계획시행지구라는 것이 인정될 때의 부지증명의 첨부 여부(등기예규 제435호), 발전용지(농지)의 매수에 따른 농지소유권이전등기시의 농지매매증명의 요부(등기예규 제96호), 농약제조업자 등의 농지취득과 농지취득자격증명(등기예규 제895호), 징발농지의 매수에 소재지관서의 증명이 필요한지 여부(등기예규 제308호), 미분배농지

를 원소유자가 농지개혁법 제19조 제2항의 증명을 얻지 않고 제3자에게 소유권이전등기를 경료한 경우 직권말소 여부(등기예규 제258호), 농지개혁법 제5조의 규정에 의하여 정부가 취득한 것이라는 증서를 첨부하여 농지 및 농지부속시설에 대한 국유등기신청의 수리 가부(등기예규 제294호), 농지부속시설에 대한 국유등기절차(등기예규 제356호), 분배농지부속시설의 이전등기절차(등기예규 제139호)는 이를 폐지한다.

부 칙(2011. 10. 12. 제1415호)

이 예규는 2011년 10월 13일부터 시행한다.

제3절 종중재산의 관리 및 처분

1. 종중재산의 관리상 문제점과 처분의 용이성

부동산실명법 제8조에 의하여 종중의 명의신탁이 예외적으로 허용되므로 종중소유의 부동산은 종중명의로 등기하지 않고 종중원 또는 종중원 아닌 타인에게 명의신탁의 형태로 등기가 많이 이루어지고 있는데, 이와 관련하여 다양한 문제가 야기되었다. 특히 농지의 경우 농지법에 의하여 종중명의로의 농지소유가 허용되지 않기 때문에, 결국 명의수탁자가 이러한 농지를 임의로 처분하는 일이 빈번하게 발생하였고 보상금을 취득한 경우에 귀속·분배의 문제 등 많은 분쟁이 발생하고 있다.

총유인 종중재산을 처분하기 위해서는 종중규약에 의하거나 종중총회를 개최하여 총회 결의에 의하여야 하고 종중명의로 등기가 되어 있는 부동산을 처분하는 경우에는 종중 대표자의 증명서면, 대표자의 인감증명서, 부동산 처분에 대한 총회결의서, 등기권리증 등이 첨부되어야 한다.

하지만 실제로 이러한 절차를 적법하게 거쳐서 종중재산의 처분이 이루어지는 경우는 오히려 드문 경우에 해당한다. 종중 또는 종중재산의 실체에 대하여 인지하고 있는 종중원이 소수일 뿐만 아니라, 종중과 관련된 일에 대부분 무관심한 경우가 많기 때문에 소수의 종중원 또는 대표자 개인이 문서를 위조하는 등의 방법으로 종중재산의 처분이 이루어지는 것이 현실이다.

대표자 증명서면으로 종중 대표자 선임결의서가 첨부되지만, 종중원 총원이 몇 명인지, 연락가능한 모든 종중원에게 소집통지가 이루어졌는지, 실제로 총회에 참석하여 의결한 종중원이 몇 명인지에 대해 등기관의 실질적인 조사 없이 등기가 이루어지고 있다. 종중이 부동산을 처분하는 경우에는 종중규약을 제정하게 되는데 종중규약이나 종중명부 및 총회 회의록은 얼마든지 위조가 가능하며, 이에 대한 등기관의 실질적 조사는 이루어지지 않으므로 등기관의 형식적 심사주의를 악용한 무단 처분 사례들이 발생하는 것이다.

이러한 절차상의 하자에 의한 종중재산의 처분은 원인무효에 해당하고 결국 이러한 분쟁은 종중재산의 처분과 관련하여 현 제도에 필연적으로 내재되어 있는 문제일 수밖에 없다.[33] 참고로 이러한 종중 내 의사결정 문제 때문에 거래계에서는 송사에 휘말릴 것을 염려해 종중토지 매수나 담보부 대출실행을 꺼리고 있는 실정이다.

2. 종중재산의 사용·수익, 관리·처분

종중재산은 매장과 제사에 제공되거나 제사비용을 마련하기 위한 것이지, 종중원의 편익을 위하여 보유하는 것이 아니기 때문에 일반적인 총유재산에서 인정되는 사용·수익권은 종중원에게 인정되지 않는다.[34]

총유물의 보전에 있어서는 공유물의 보존에 관한 민법 제265조 규정이 적용될 수 없고, 특별한 사정이 없는 한 민법 제276조 제1항 소정의 총회의 결의를 거쳐야 할 것인바, 종중소유 재산은 그 종중원들의 총유물이므로 종중재산 관리의 한 방법으로 볼 수 있는 보존행위로서 부동산에 관한 소유권이전등기의 말소를 청구함에 있어서는 종중의 규약에 따른 결의나 종중원총회의 결의 등 방법에 의하여 종중으로부터 종중원이 소유권이전등기말소청구라는 보존행위를 할 수 있는 권한을 부여받아야 하며, 종중원이라 하여자기이름으로 총유물의 보존행위로서 소유권이전등기의 말소를 청구할 수 없다.[35] 한편, 총유물인 임야를 사용·수익할 수 있다고 하더라도 위 임야에 대한 분묘설치행위는 단순한 사용·수익에 불과한 것이 아니고 관습에 의한 지상권 유사의 물권을 취득하게 되는 처분행위에 해당된다.[36]

종중소유의 재산은 종중원의 총유에 속하는 것이므로 그 관리 및 처분에 관하여 먼저 종중규약에 정하는 바가 있으면 이에 따라야 하고, 그 점에관한 종중규약이 없으면 종중총회의 결의에 의하여야 하므로, 비록 종중 대표자에 의한 종중재산의 처분이라고 하더라도 그러한 절차를 거치지 아니한 채 한 행위는 무효이다.[37]

또한 종중 회칙상 종중재산은 종중총회의 결의를 거쳐야만 처분할 수 있음에도 종중재산의 처분에 관한 적법한 총회 결의나 이사회 위임결의 또는 그와 같은 내용의 종중 회칙의 변경 없이 종중 회장이 종중 이사회를 개최하여 임의로 이사회를 구성하고 종중재산의 처분을 이사회 결의만으로 가능하도록 임의로 정관을 변경하여 이에 따라 개최한 이사회에서 종중재산의 처분을 결의한 후 종중재산을 처분한 경우, 그 종중재산의 처분은 무효이다.[38] 다만, 종중규약에서 종중재산의 취득처분에 관한 사항은 이사회의 결정에 따르도록 규정하여, 종중재산의 처분에 관하여 결정을 할 권한이 있는 종중 이사회의 결정에 따라 그 처분 권한을 위임받은 종중의 대표자가 한 처분행위는 유효하다.[39]

종중재산의 증여는 종중재산의 처분행위에 해당하고, 종중재산의 처분에 관하여 종중규약에 정한 바가 있으면 그에 따라야 하며 그러한 규약이 없다면 이에 관한 적법한 종중총회의 결의가 있어야 하는 것이지만, 종중재산의 처분이 종중규약에 정한 바에 따라 이루어졌다거나 이에 관한 적법한 종중총회의 결의가 있었다는 점에 대한 입증은 반드시 종중총회결의서 등 그러한 사실을 직접적으로 증명할 수 있는 증거에 의하여만 할 수 있는 것은 아니고, 그러한 종중총회의 결의가 있었다는 점 등을 추인할 수 있는 간접사실의 입증을 통하여도 할 수 있다.[40]

총유재산에 관한 소송은 민법 제276조 제1항에서 "총유물의 관리 및 처분은 사원총회의 결의에 의한다.", 동조 제2항에서 "각 사원은 정관 기타의 규약에 좇아 총유물을 사용·수익할 수 있다."라고 규정하고 있을 뿐 공유나 합유의 경우처럼 보존행위는 그 구성원 각자가 할 수 있다는 민법 제265조 단서 또는 제272조 단서와 같은 규정을 두고 있지 아니하다.

이는 법인 아닌 사단의 소유형태인 총유가 공유나 합유에 비하여 단체성이 강하고 구성원 개인들의 총유재산에 대한 지분권이 인정되지 아니하는 데에서 나온 당연한 귀결이라고 할 것이므로 총유재산에 관한 소송은 법인 아닌 사단이 그 명의로 사원총회의 결의를 거쳐 하거나 또는 그 구성원 전원이 당사자가 되어 필수적 공동소송의 형태로 할 수 있을 뿐 그 사단의 구성원은 설령 그가 사단의 대표자라거나 사원총회의 결의를 거쳤다 하더라도 그 소송의 당사자가 될 수 없고, 이러한 법리는 총유재산의 보존행위로서 소를 제기하는 경우에도 마찬가지라 할 것이다.[41]

3. 종중재산의 관리처분권자

종중규약 또는 당해 종중의 관습이나 일반 관례에 의하여 별도로 종중대표자를 선임한 경우에는 이러한 종중 대표자만이 종중대표권을 가지며 특히 종중재산에 관하여는 종장에게 아무런 권한이 없고 오로지 종중 대표자만이 종중을 대표하여 그 관리처분권을 가지며,[42] 종중 대표자일지라도 종중으로부터 처분권한을 수임 받지 않는 한 당연히 종중재산의 처분권한이 있다고 볼 수 없다.[43] 그러므로 종중 대표자에 의한 종중재산의 처분이라고 할지라도 종약이나 종중총회의 결의를 거치지 아니한 처분행위는 무효이다.[44] 통합종중의 규약에서 통합 전 소종중의 재산이 통합종중에 귀속되는 것으로 정하였다 하더라도 통합 전 소종중원의 총유에 속하는 재산의 처분에 관하여는 그 소종중의 규약 혹은 종중총회결의에 따른 적법한 처분절차를 거치지 아니하는 이상 그 유효성을 인정할 수 없고, 그 주장입증에 대한 책임은 처분행위의 유효를 주장하는 측에 있다.[45]

종중의 규약 제12조에는 '종중재산의 취득처분 및 유지관리방법'에 관한 사항은 이사회의 결정에 따르도록 규정하고 있는데, 소외 종중의 이사회는 1992. 1. 8. 소외 종중이 독립당사자참가를 한 이 사건에 대하여 대표자인 위 소외 6에게 일체의 소송행위를 수행할 권한과 재판상 및 재판 외의 화해를 할 권한 등을 위 소외 6에게 위임하는 결의를 하였으며, 위 권한의 위임에 따라 소외 6은 1992. 2. 21. 원고 종중과, 이 사건 토지를 원고 종중에게 양도하고, 피고들에 대한 명의신탁 해지의 권한을 원고 종중에게 부여하며 원고 종중명의로 소유권이전등기가 경료된 이후 별도로 합의한 금원을 원고 종중으로부터 지급받기로 하는 내용의 합의를 한 사실을 알 수 있으므로 종중소유 재산의 처분에 관하여 결정을 할 권한이 있는 소외 종중 이사회의 위 결정에 따라 위 소외 6은 이 사건 토지를 원고 종중에게 양도하고 또 피고들에 대한 명의신탁 해지권한을 원고 종중에게 수여할 권한을 부여받았다고 할 것이다.[46]

4. 대표권이 없는 자가 한 처분행위의 추인

하자 있는 절차에 따라 선정된 종중 대표자가 종중재산을 처분한 경우, 무조건적으로 그 처분행위를 무효로 본다면 거래안전에 심각한 위협이 생길 것이다. 그러므로 이러한 대표권이 없는 자의 처분행위에 대하여 종중이 추인 즉, 어떠한 행위가 있은 뒤에 사후에 적법한 절차를 통하여 그 행위에 동의하는 경우 기존에 하자가 치유되어 유효한 처분행위가 되는 것이다.

다만 적법한 대표권이 없는 자가 한 처분행위를 종중이 추인하는 것은 종중의 처분행위와 다를 바 없으므로 종약 또는 종중총회의 결의에 따라야 하며,[47] 종중소유 부동산을 무권대리(대표)행위에 의하여 처분한 경우 종중이 사후에 무권대리인에 대하여 처분행위를 추인하였다면 처분행위는 처음부터 소급하여 유효해진다.[48]

　　종중이 총회 결의에 따라 위 소송행위를 추인하면 그 행위 시로 소급하여 유효하게 되며 이 경우 민법 제133조 단서의 규정은 무권대리행위에 대한 추인의 경우에 있어 배타적 권리를 취득한 제3자에 대하여 그 추인의 소급효를 제한하고 있는 것으로서 위와 같은 하자있는 소송행위에 대한 추인의 경우에는 적용될 여지가 없는 것이다.[49]

　　종중이 적법한 대표자 아닌 자가 제기하여 수행한 소송을 추인하였다면 그 소송은 소급하여 유효한 것이고, 가사 종중의 소 제기 당시에 그 대표자의 자격에 하자가 있다고 하더라도 이 소가 각하되지 아니하고 소급하여 유효한 것으로 인정되는 한 이에 의한 시효중단의 효력도 유효하다고 볼 것이지 소송행위가 추인될 때에 시효가 중단된다고 볼 것이 아니다.[50]

　　원고 종중이 스스로 부적법한 종중회의의 결의를 원고 종중의 결의로서 유효한 것으로 인정하고 위 결의에 터잡아 한 명의신탁계약이 유효하다고 주장하여 신탁해지를 원인으로 한 소유권이전등기청구소송을 제기하였다면 위 회의에서 한 결의나 이에 터잡은 명의신탁의 약정이 효력이 없었던 것이라고 하여도, 원고는 이를 추인함을 전제로 하여 위 소를 제기한 것이거나 또는 위 소로써 이를 묵시적으로 추인한 것이라고 볼 수 있다.[51]

　　하지만 종중의 대표자 아닌 갑이 종중소유 토지를 임의처분하여 그 매도대금을 당시 갑이 대표자로 있던 종회 소유의 다른 부동산에 관하여 설정된 근저당권의 피담보채무를 변제하는 데 전부 사용하였고, 종중원들의 대다수가 갑의 토지 처분사실을 거의 알지 못하여 이 사건 제소 시까지 아무런 이의를 제기하지 아니하였다면, 갑이 위 토지를 임의처분한 데 대하여 종중이 이를 묵시적으로 추인하였다고는 볼 수 없고,[52] 권한 없이 종중소유 부동산을 타인에게 매각처분한 사실을 알고서도 종중 측에서 10년이 넘도록 형사고소나 소유권회복을 위한 민사소송을 제기하지 않았다거나, 문장을 비롯한 여러 종중원들이 그 동안 종중 부동산 처분행위를 생활이 곤란해서 그런 것이라고 수차 이해하여 왔다는 등의 말을 했다는 사유만으로는 종중이 위 부동산 처분행위를 묵시적으로 추인하였다고 인정하기 어렵다.[53]

제4절 종중재산의 분배

1. 종중재산 분배의 인정 여부

단체는 특정한 목적을 수행하기 위하여 존재하고 그 목적을 달성하기 위하여 필수불가결한 재산인 기본재산을 소유하며 그러한 기본재산의 유지는 단체의 존립을 의미한다. 종중에 있어 주요 재산인 위토, 묘산 등은 공동선조의 분묘수호 및 봉제사라는 목적 달성을 위하여 존재하는 종중의 존립을 위한 기본재산이라고 볼 수 있고, 그러한 재산의 경우에는 원래 처분하거나 분배할 수 없는 것으로 인식되어 왔다.

하지만 토지 개발 등으로 인하여 종중이 토지 보상금을 수령하게 되거나, 보유하는 종중 토지에 대한 세금 납부의 어려움 등으로 종중재산에 대한 환가의 필요성이 대두되면서 환가금에 대한 분배의 문제도 자연스럽게 생겨나게 되었다. 종중재산의 분배를 인정하는 것이 타당한지와 관련하여 기본재산의 처분에 관한 재단의 법리를 적용하거나, 종중재산의 분배는 종중 고유의 목적에 해당하지 않으므로 정관 변경을 하여야 하는데 이러한 정관의 변경은 비법인사단으로서의 동일성을 해한다고 하거나, 종중재산의 본질에 비추어 애초에 처분과 분배의 대상이 될 수 없다고 주장하며 종중재산의 분배를 허용하지 않아야 한다는 반론들이 많이 제기되고 있다.[54]

하지만 현재 판례는 "비법인사단인 종중의 토지에 대한 수용보상금은 종중원의 총유에 속하고, 위 수용보상금의 분배는 총유물의 처분에 해당하므로 정관 기타 규약에 달리 정함이 없는 한 종중총회의 분배결의가 없으면 종중원이 종중에 대하여 직접 분배청구를 할 수 없으나, 종중 토지에 대한 수용보상금을 종중원에게 분배하기로 결의하였다면, 그 분배대상자라고 주장하는 종중원은 종중에 대하여 직접 분배금의 청구를 할 수 있다."[55]라고 하여 종중 토지에 대한 수용보상금의 분배 결의가 유효한 것을 전제로 판단하거나, "비법인사단인 종중의 토지 매각대금은 종원의 총유에 속하고, 그 매각대금의 분배는 총유물의 처분에 해당하므로, 정관 기타 규약에 달리 정함이 없는 한 종중총회의 결의에 의하여 그 매각대금을 분배할 수 있다."[56]며 명시적으로 종중재산의 분배를 긍정한 바 있다.

2. 종중재산 분배절차 및 총유재산 분배기준

비법인사단인 종중의 토지 매각대금은 종중원의 총유에 속하고, 그 매각대금의 분배는 총유물의 처분에 해당하므로, 정관 기타 규약에 달리 정함이 없는 한 종중총회의 결의에 의하여 그 매각대금을 분배할 수 있고, 그 분배 비율, 방법, 내용 역시 결의에 의하여 자율적으로 결정할 수 있다.[57]

총유재산의 분배와 관련하여 대법원은 다음과 같은 기준을 설시하였다.

"법인 아닌 어촌계가 취득한 어업권은 어촌계의 총유이고, 그 어업권의 소멸로 인한 보상금도 어촌계의 총유에 속하므로 총유물인 손실보상금의 처분은 원칙적으로 계원총회의 결의에 의하여 결정되어야 할 것이지만, 어업권의 소멸로 인한 손실보상금은 어업권의 소멸로 손실을 입은 어촌계원들에게 공평하고 적정하게 분배되어야 할 것이므로, 어업권의 소멸로 인한 손실보상금의 분배에 관한 어촌계 총회의 결의 내용이 각 계원의 어업권 행사 내용, 어업 의존도, 계원이 보유하고 있는 어업 장비나 멸실된 어업 시설 등의 제반 사정을 참작한 손실의 정도에 비추어 볼 때 현저하게 불공정한 경우에는 그 결의는 무효이다. 어업권의 소멸로 인한 손실보상금을 어업권 행사자와 비행사자 사이에 균등하게 분배하기로 하는 어촌계의 총회결의가 있는 경우, 그 결의가 현저하게 불공정하여 무효인지 여부를 판단함에 있어서는 그 어촌계 내부의 어업권 행사의 관행과 실태가 가장 중요한 기준이 된다고 할 것이고, 그 밖에 어업권 행사자가 되기 위한 경쟁의 정도, 어촌계원 중에서 어업권 행사자들이 차지하는 비율, 어업권 비행사자들이 어업권 행사자가 되지 못한 이유, 분배방법에 대한 행사자와 비행사자들의 태도, 그 어촌계에서의 과거의 보상금 분배의 선례 등도 판단자료로서 참작되어야 한다."[58]

위 판례는 어촌계의 경우 총유재산의 분배는 총회결의에 의하여야 하고 그 결의 내용은 공평하고 적정하여야 하며 만약 그 결의가 불공정하다면 총유재산의 분배 결의는 무효에 해당하는바, 불공정한지 여부는 어촌계원들의 제반사정을 고려하여 판가름하여야 한다는 내용이다. 이러한 기준은 종중재산의 분배와 관련하여서도 똑같이 적용될 수 있을 것이다.

3. 종중재산 분배 결의의 공정성 판단

종중은 공동선조의 분묘수호와 제사 및 종원 상호간의 친목 등을 목적으로 하여 구성되는 자연발생적인 종족집단으로 그 공동선조와 성과 본을 같이하는 후손은 그 의사와 관계없이 성년이 되면 당연히 그 구성원(종중원)이 되는 종중의 성격에 비추어, 종중재산의 분배에 관한 종중총회의 결의 내용이 현저하게 불공정하거나 선량한 풍속 기타 사회질서에 반하는 경우 또는 종중원의 고유하고 기본적인 권리의 본질적인 내용을 침해하는 경우 그 결의는 무효라고 할 것이다.[59]

여기서 종중재산의 분배에 관한 종중총회의 결의 내용이 현저하게 불공정한 것인지 여부는 종중재산의 조성 경위, 종중재산의 유지·관리에 대한 기여도, 종중행사 참여도를 포함한 종중에 대한 기여도, 종중재산의 분배 경위, 전체 종원의 수와 구성, 분배 비율과 그 차등의 정도, 과거의 재산 분배 선례 등 제반 사정을 고려하여 판단하여야 한다.[60]

공동선조와 성과 본을 같이하는 후손은 남녀의 구별 없이 성년이 되면 당연히 그 구성원(종중원)이 되는 것이므로, 종중재산을 분배함에 있어 단순히 남녀 성별의 구분에 따라 그 분배 비율, 방법, 내용에 차이를 두는 것은 개인의 존엄과 양성의 평등을 기초로 한 가족생활을 보장하고, 가족 내의 실질적인 권리와 의무에 있어서 남녀의 차별을 두지 아니하며, 정치·경제·사회·문화 등 모든 영역에서 여성에 대한 차별을 철폐하고 남녀평등을 실현할 것을 요구하는 우리의 전체 법질서에 부합하지 아니한 것이고,[61] 종중이 임시총회의 결의로써 종중규약을 개정하면서 그 제27조에서 '여손女孫 본인이 종원 자격을 원할 경우에 한하여 준종원 자격을 주며, 준종원은 총회에서의 의결권을 인정하지 않는다.'고 한 것과 2005. 12. 18.자 임시총회의 결의로 종중소유의 부동산에 관한 수용보상금의 처리방법을 정하면서 '남자 종중원 69명에 한하여 1인당 4,000만 원씩 대여한다.'고 정한 것은 모두 여성의 종중원으로서의 자격 자체를 부정하는 전제하에서 한 처분이어서 원고들이 종중원으로서 가지는 고유하고 기본적인 권리의 본질적인 내용을 침해하는 것이므로 정당성과 합리성이 없어 무효이다.[62]

총회결의에서 구체적인 분배기준을 정하도록 위임받은 이사회가, 세대주인 종중원과 비세대주인 종중원 사이에 분배금에 2배 이상의 차이를 두면서도 세대주의 세대원들인 미성년의 후손들, 나아가 배우자들에게까지 다시 별도로 분배금을 지급하고, 세대주에 1인 세대주까지 포함시키는 것으로 결의한 것은 단지 주민등록표상 세대주로 등재되었다는 사정만으로 종중원을 차별하는 것으로서 합리적인 근거가 있다고 볼 수 없고, 또한 남자 종중원의 경우는 혼인 여부에 관계없이 주민등록표상 세대주이면 1인 세대주라도 비세대주 종중원에 비하여 많은 금액을 분배받을 수 있도록 하면서도 여자 종중원의 경우에는 세대주 종중원이 아닌 비세대주 종중원으로서만 분배받을 수 있도록 한 것은 남녀 종중원 사이의 성별에 따라 차별을 둔 것에 불과하여 합리적인 근거가 있다고 할 수 없으므로 결국 이 사건 이사회 결의는 그 내용이 현저하게 불공정하여 무효라고 할 것이다.[63]

이처럼 여성 종중원의 의결권을 인정하지 아니하고, 종중총회에서 남자 종중원에게만 종중재산을 분배한 경우나, 종중재산을 분배함에 있어 단순히 남녀 성별의 구분에 따라 그 분배 비율, 방법, 내용에 차이를 두는 것은 우리의 전체 법질서에 부합하지 아니한 것으로 정당성과 합리성이 없어 무효이다.

또한, 종중이 종토 매각대금을 종중원에게 분배함에 있어 종토에 관한 토지조사부에 사정명의인으로 등재된 12인의 직계손에게 이를 분배하되 방계손에게는 지원금을 1/2 이하로 감축하거나 지급을 보류하고, 해외 이민자는 지급대상에서 제외하기로 결의하는 것과 같이, 종토를 특정인에게 명의신탁하였다는 이유만으로 그 직계손에게 방계손보다 2배 이상 더 분배하는 것이나 해외 이민자라는 이유만으로 종중재산의 분배대상에서 배제하는 것은 종중원으로서의 권리의 본질적 부분을 부당하게 침해하는 것으로 합리적이라고 할 수 없어 그와 같은 분배결의는 무효이다.[64]

다만, 판례는 다음과 같은 경우 차등 분배를 예외적으로 허용하고 있다. 종중재산을 세대주가 아닌 남자와 여자에게는 균등 분배하고, 미망인, 배우자, 종중발전기여자, 장애우, 취학 미성년자, 미취학 미성년자인 종중원에게는 차등 분배하기로 한 종중총회의 종중재산 처분에 관한 결의가 합리적인 범위 내의 결의로서 유효하다. 성이나 본을 달리하는 남자와 결혼한 여자 종중원에게 종중재산을 차등 분배하기로 한 종중총회의 종중재산 처분에 관한 결의가 외견상으로는 불합리한 기혼 여성 차별이라고 볼 여지가 있지만, 종중이 공동선조의 분묘수호와 제사 및 종중원 상호간의 친목 등을 목적으로 구성되는 자연발생적인 종족집단으로, 공동선조와 성과 본을 같이하는 후손을 중심으로 구성된 세대와 여자 후손으로 타 종중원과 결혼하여 타 종중의 후손을 낳게 되어 구성된 세대를 차등화한 것은 부계 혈족을 중심으로 구성된 종중의 특성상 합리적인 범위 내라면 허용될 수 있다.[65]

사회일반의 인식과 법질서의 변화 등에 의해 성년여자들에게도 종중원의 지위가 인정되는 이상 원칙적으로 여자종중원은 남자종중원과 동일하게 종중원으로서의 권리를 누리고 의무를 부담한다고 할 것인바, 이는 종중원들에게 종중재산을 분배할 때에도 마찬가지로서, 특별한 사정이 없는 한 남녀종중원 사이에 동등한 분배가 이루어져야 할 것이고, 가령 종중이 종중의 유지·발전 등에 특히 기여한 바가 많은 특정 종중원들에게 다른 일반 종중원들에 비해 더 많은 종중재산을 분배하는 것이라면, 그와 같이 더 많은 종중재산을 분배받는 것이 특히 남자종중원들이라고 하여 그와 같은 분배방법이 차별적이거나 불합리하다고는 할 수 없을 것이나, 종중이 종중재산을 단순히 남자와 여자라는 성별만을 기준으로 남자종중원에 비해 여자종중원 전체에게 일반적으로 불이익하게 분배하는 것은 성별에 의한 차별 금지 및 양성평등을 선언한 헌법 이념에도 부합하지 아니할 뿐 아니라, 이는 성년여자에게도 종중원의 지위가 인정되게 된 사회적 인식과 법질서의 변화에도 역행하는 것이어서 여자종중원의 고유하고 기본적인 권리의 본질적 내용을 침해한다고 볼 여지가 충분하다.

따라서 그와 같은 차별적인 분배방법에 대하여는, 최소한 불리한 대우를 받게 되는 여자종중원들도 이를 수긍하여 동의(즉, 다수결원칙에 의하여 여자종중원들의 과반수 출석에 출석자 과반수 찬성을 얻는 방법 등이 있을 것이다)하고 있다든지 남녀종중원 사이에 재산분배상 차등을 두는 것이 오히려 더 합리적이라는 등의 특별한 사정이 있어야 한다고 봄이 상당하다.[66]

결국 종중원들의 종중에 대한 실제 기여도 및 위 사례들과 같이 그 외의 기준들을 종합적인 방법으로 고려하여 볼 때, 종중재산의 분배상 차등을 두는 것이 오히려 더 합리적이라는 특별한 사정이 있으며 그러한 차등이 선량한 풍속 기타 사회질서에 반하지 아니하는 경우에 그 분배 결의는 유효한 결의가 될 가능성이 높다고 할 수 있다.

제5절 종중재산을 둘러싼 분쟁과 해법

1. 종중재산의 명의신탁을 둘러싼 분쟁

판례는 종중과 종중원 등 등기명의인 사이에 어떤 토지에 관한 명의신탁 여부가 다투어지는 사건에 있어서, 일단 그 토지에 관하여 사정명의인의 사정이 있거나 등기명의인 앞으로 등기가 경료될 당시 어느 정도의 유기적 조직을 가진 종중이 존재한 사실이 증명되고, 그 다음 그 토지가 종중의 소유로 된 과정이나 내용이 직접 증명된 경우는 물론, 등기(사정)명의인과 종중과의 관계, 등기(사정)명의인이 여럿이라면 그들 상호간의 관계, 사정명의인 앞으로 사정되거나 등기명의인 앞으로 등기가 경료된 경위, 공동선조를 중심으로 한 종중 분묘의 설치상태, 분묘수호와 봉제사의 실태, 그 토지의 규모와 관리상태, 그 토지에 대한 수익의 수령·지출관계, 제세공과금의 납부관계, 등기필증의 소지관계 등 여러 정황에 미루어 그 토지가 종중소유라고 볼 수밖에 없는 상당한 자료가 있는 경우라면 그 토지가 종중의 소유로서 등기(사정)명의인 앞으로 명의신탁한 것이라고 인정할 수 있으나, 그와 같은 자료들이 충분히 증명되지 아니하거나 오히려 반대되는 사실의 자료가 많을 때에는 이를 인정하여서는 아니 되며, 그 토지가 위토라는 사실만으로 종중소유의 토지라고 볼 수는 없다고 하였다.[67]

실무에서는 종중재산을 소유하고 실제 활동한 종중과 원고 종중의 동일성에 대한 분쟁이 있는 경우가 많은데 이러한 경우 ① 분묘를 지키고 시제를 올리며 이를 관리하여온 종중원의 범위, ② 활동한 종중이 통상적으로 사용하는 명칭, ③ 원고 종중 이외에 별개로 활동하는 종중이 존재하였는지 아니면 분쟁이 생기자 새로운 종중이 따로 종중규약을 제정하고 그때부터 활동을 개시하였는지 등이 이를 판단함에 있어 중요한 자료로 활용될 것이다.[68]

원래 종중재산은 그 소속 종중원에게 신탁하여 그 명의로 사정받아 등기한 것이 통상적인 사례이고 소속이 다른 종중원에게 신탁하여 그 명의로 사정받는다는 것은 극히 이례에 속한다고 할 것이다.[69] 그러므로 명의신탁 해지를 원인으로 한 소유권이전등기청구소송에 있어서 명의수탁자라고 주장하는 피고들이 원고 종중의 종중원들인지 여부가 우선적인 판단 기준이 될 것이다. 만약 원고 종중이 명의수탁자라고 주장하는 자가 종중원이 아니라면 그런 경위 등에 관하여 증명을 하지 못하는 이상 종중재산이 명의신탁되었다는 사실은 인정되기 어려울 것이다.

조부의 명의로 사정되고 부친 명의로 소유권보존등기 된 임야에 관하여 장남이 개인명의로 등기하지 않고 종중 대표자들과의 공동명의로 등기한 취지는 위 임야가 종중의 소유임을 인정하거나 이를 종중에게 증여하였다고 봄이 우리의 전통적 사고방식에 부합한다.[70]

만약 종중이 재산을 취득하고 이에 관하여 명의신탁약정을 한 경위 등을 문서로 남겨놓았다면 그러한 기록은 명의신탁약정을 인정할 수 있는 중요한 증거가 될 것이나, 대부분은 그러한 자료가 존재하지 않았고 존재하였다 하더라도 분실 또는 훼손되었을 것이다. 그러므로 종중원들, 종중재산인 토지 주변에 오랫동안 거주하여온 사람들과 그 자손들 등의 증언을 통하여 추론하여야 할 것이다.

원고 종중의 중시조와 그 직계후손들 이외에 방계후손들의 분묘도 함께 설치되어 있는지, 종중원들 전체가 분묘수호와 봉제사에 참여를 하는 것인지 아니면 등기(사정)명의인의 직계후손만이 분묘를 수호하고 시제에 참석하는 것인지 등이 명의신탁사실에 대한 하나의 판단기준이 될 것이다.[71]

대상 토지가 종중재산목록에 등재되어 있거나 종중이 직접 대상 토지를 임대하여 이를 통한 수익 또한 관리하고 있다면 이는 명의신탁을 인정할 수 있는 자료가 될 것이다. 종중이 대상 토지에 대한 세금을 납부하여 왔다면 이 또한 강력한 증거 자료가 될 것이다. 판례 또한 "종중원이 임야에 대하여 지출한 개발비를 종중이 종중원에게 지급하여 주고 종중이 임야에 대한 재산세를 납부하기 시작한 후부터는 종중원이 재산세를 납부한 사실이 없으며 종중이 도지를 납부받는 데 대하여 아무런 이의제기가 없었던 사정

등에 비추어 위 임야가 종중소유로서 종중원에게 명의신탁된 것으로 볼 수 있다."[72]고 판시하였다.

일반적으로 부동산의 소유자 명의만을 다른 사람에게 신탁하는 경우에 등기권리증과 같은 권리관계를 증명하는 서류는 실질적 소유자인 명의신탁자가 소지하는 것이 상례라 할 것이므로, 명의수탁자라고 지칭되는 자가 이러한 권리관계서류를 소지하고 있다면 그 소지 경위 등에 관하여 납득할 만한 설명이 없는 한 이는 명의신탁관계의 인정에 방해가 된다고 보지 않을 수 없다.[73] 하지만 명의신탁은 당사자 사이의 의사의 합치에 의하여 성립되는 계약이고, 이와 같은 계약은 명시적으로는 물론 묵시적으로도 성립될 수 있으며, 명의신탁 사실의 인정은 사실인정의 문제로서 어느 특정한 증거나 사실이 있으면 이에 의하여 필연적으로 명의신탁 사실을 인정하여야 하거나 또는 이를 인정하지 않아야 하는 것은 아니며, 일반적으로 부동산의 소유 명의만을 다른 사람에게 신탁한 경우에 등기권리증과 같이 권리관계를 증명하는 서류는 실질적인 소유자인 명의신탁자가 소지하는 것이 상례이나, 반대로 명의수탁자가 이러한 권리관계서류를 소지하고 있다고 해서 반드시 명의신탁이 아니라고 인정하여야 하는 것은 아니라고 할 것인바(대법원 2000. 4. 25. 선고 2000다6858 판결 참조), 명의수탁자로 지칭되는 자가 토지에 대한 등기권리증을 보관해 오면서 종합토지세, 농지개량조합비를 납부하고 비용을 들여 과수원을 조성한 사실이 인정되나, 그 주장의 토지매수대금이 당시의 토지공시지가에 비하여 현저히 적어 매수 주장에 설득력이 없으며, 그 상속인들이 명의신탁자라고 주장하는 자에게 소유권이전등기를 경료해 주기로 약속한 적이 있고, 과수원 관리대가를 요구한 적도 있으며, 매수제의를 하여 매매계약서를 작성한 적도 있는 점 등에 비추어 계쟁 토지가 명의신탁된 것이라고 인정된다.[74]

그러므로 등기권리증의 소지여부가 중요한 판단 자료가 되긴 하나, 이와는 다른 사실관계에 대한 자료가 더 많은 경우에는 제반사정을 종합하여 판단하게 될 것이다.

2. 명의신탁자로서 종중의 권리 행사 방법

① 등기(사정)명의인에 대한 명의신탁 해지로 인한 소유권이전등기청구

토지의 사정명의를 수탁 받은 자는 대외적으로는 토지 사정의 법리상 소유권을 취득한다 하더라도 대내적으로는 명의신탁자에 대한 명의수탁자로서의 지위에 있다. 신탁자(종중)는 사정명의인인 수탁자에게 그 토지에 대한 실질적인 소유권을 주장할 수 있다.[75] 다만, 일제시의 임야조사령이나 토지조사령에 의하여 사정을 받은 사람은 소유권을 원시적, 창설적으로 취득하는 것이고, 종중이 그 소유였던 부동산을 종중원에게 명의를 신탁하여 사정받았더라도 그 사정 명의인이 소유권을 취득하고, 명의신탁자인 종중은 명의신탁 계약에 의한 신탁자의 지위에서 명의신탁을 해지하고 그 소유권이전등기를 청구할 수 있을 뿐이며, 종중이 명의신탁 계약을 해지하였더라도 그 명의로 소유권이전등기를 경료하지 않은 이상 그 소유권을 취득할 수는 없다.[76]

한편, 미등기임야에 관하여 임야조사부에 사정명의인 갑, 적요란에 '종중재산'이라고 기재되어 있고, 6·25사변 이후 지적공부를 복구함에 있어 지적공부 복구공시조서에 소유자가 종중이라고 기재하였고 그에 따라 구 토지대장 소유자란에 사정명의인 갑, 다음 행에 종중재산이라고 기재되었다면 위 임야에 대한 명의신탁계약은 적어도 지적복구 전에 해지되었다고 볼 수 있다.[77]

② 명의수탁자를 대위하여 독립당사자 참가로써 소유권 확인 청구

원고 갑 종중과 독립당사자 참가인 을 종중이 서로 대상 토지들이 자기의 소유로서 자기 종중의 종중원들에게 명의신탁을 한 것이라고 다투고 있는 경우, 갑 종중의 그와 같은 주장으로 인하여 을 종중에게는 그 토지들에 대한 명의신탁 해지를 원인으로 한 소유권이전등기청구권의 실현과 관련하여 법률상의 지위에 관한 불안과 위험이 생겼다고 할 것이고, 을 종중으로서는 분쟁의 당사자인 갑 종중을 상대로 을 종중이 주장하는 명의수탁자들

에게 그 토지들에 관한 소유권이 있다는 것을 확인받음으로써 그 토지들에 관한 권리관계를 명백히 하여 갑 종중에 의하여 야기되는 불안과 위험을 제거할 법률상 필요나 이익이 있다고 보아야 하고, 국가에 대한 관계에 있어서도 을 종중이 주장하는 명의수탁자들의 상속인들은 그 토지들에 관하여 소유권보존등기를 하기 위하여 국가에 대하여 자기들이 그 토지들의 공유지분권자라는 것에 관하여 확인을 구할 이익이 있고, 을 종중으로서도 명의신탁 해지를 원인으로 하는 소유권이전등기청구권을 보전하기 위하여 명의수탁자들을 대위하여 국가에 대하여 그와 같은 확인을 구할 이익이 있다.[78]

③ 종중재산이 수용되었을 경우

소유권이전등기의무의 목적 부동산이 수용되어 그 소유권이전등기의무가 이행불능이 된 경우, 등기청구권자(종중)는 등기의무자에게 대상청구권의 행사로써 등기의무자가 지급받은 수용보상금의 반환을 구하거나 또는 등기의무자가 취득한 수용보상금청구권의 양도 및 그 양도사실의 통지를 구할 수 있을 뿐 그 수용보상금청구권 자체가 등기청구권자(종중)에게 귀속되는 것은 아니다.[79]

④ 종중과 제3자와의 관계

재산을 타인에게 신탁한 경우 대외적인 관계에서는 수탁자만이 소유권자로서 그 재산에 대한 제3자의 침해에 대하여 배제를 구할 수 있고 신탁자로서 수탁자에 대한 권리를 보전하기 위하여 필요하다면 수탁자를 대위해서 수탁자의 권리를 행사할 수 있는 것이다.[80] 그러므로 원고 종중이 본건 임야에 대한 소유권을 신탁계약 당사자 이외의 제3자에게 대항할 수 없다 하여도 원고 종중은 본건 임야에 관한 신탁계약으로 인한 신탁자로서 수탁자에 대하여 신탁계약상의 채권이 있음은 분명하다 할 것이며 수탁자가 본건 임야에 관하여 가지고 있는 원인무효로 인한 소유권이전등기 말소등기절차이행청구권을 대위행사할 수 있다.[81]

종중이 그 소유의 부동산에 관하여 개인에게 명의신탁하여 그 명의로 사정을 받은 경우에도 그 사정명의인이 부동산의 소유권을 원시적·창설적으로 취득하는 것이므로, 종중이 그 소유의 부동산을 개인에게 명의신탁하여 사정을 받은 후 그 사정 명의인이 소유권보존등기를 하지 아니하고 있다가 제3자의 취득시효가 완성된 후에 종중명의로 바로 소유권보존등기를 경료하였다면, 대외적인 관계에서는 그때 비로소 새로이 명의신탁자인 종중에게로 소유권이 이전된 것으로 보아야 하고, 따라서 이 경우 종중은 취득시효 완성 후에 소유권을 취득한 자에 해당하여 종중에 대하여는 취득시효를 주장할 수 없다.[82]

⑤ **명의수탁자 지위의 승계 여부**[83]

종중과 종중원 사이의 명의신탁약정에 따라 종중원 명의로 소유권이전등기가 경료된 후 그 등기명의가 제3의 종중원 앞으로 이전된 경우, 기존의 명의신탁관계를 해지하고 제3의 종중원과 사이에 새로운 명의신탁약정을 체결하고자 하는 원고 종중의 의사가 개입되었다면 원고 종중과 제3의 종중원 사이에 명의신탁약정이 성립되었다고 보아야 할 것이다. 하지만 제3의 종중원이 원고 종중과의 명의신탁관계를 승계할 의사에 의하지 아니하였다고 한다면, 위와 같은 등기이전은 명의수탁자가 명의신탁관계를 종료시키는 처분행위에 해당하므로 제3의 종중원은 유효하게 소유권을 취득하게 된다.[84]

또한 판례는 원고 종중의 종중재산이 명의수탁자들로부터 다시 다른 종중원들에게 이전등기가 경료된 사안에서, 새로운 명의인들이 각 원고 종중의 종중원들이거나 그 가족들인 점, 등기명의인들의 종중 활동 정도, 위 등기명의인들이 개인재산으로 등기하였다고 볼 사정이 없는 점, 매매대금을 지급하였다고 볼 자료가 전혀 없는 점, 위 토지를 새로운 등기명의인들이 자신들의 소유로 여기고 있었을 특별한 사정도 보이지 아니한 점 등 제반사정에 비추어 볼 때 원고 종중과 새로운 등기명의인들 사이에도 계속하여 명의신탁관계가 유지되었다고 보았다.[85]

⑥ **명의수탁자의 처분의 효력**

종중재산이 종중원에게 명의신탁된 경우 대외적인 관계에서는 명의수탁자인 종중원이 완전히 소유권자로서 행세할 수 있으므로 수탁자가 종중재산을 종중총회의 결의를 거치지 아니하고 제3자에게 처분한 때에도 특별한 사정이 없는 한 제3자의 선의·악의를 불문하고 처분은 유효한 것이 원칙이다.[86] 하지만 아래와 같이 제3자가 명의수탁자의 배임행위에 적극 가담하였다는 특별한 사정이 있는 경우에는 반사회적 법률행위로서 무효가 된다.

부동산실명법 제8조의 특례가 적용되는 종중 등의 명의신탁에 있어서 명의수탁자는 신탁재산을 유효하게 제3자에게 처분할 수 있고 제3자가 명의신탁사실을 알았다 하여도 그의 소유권취득에 영향이 없는 것이기는 하지만, 특별한 사정이 있는 경우, 즉 명의수탁자로부터 신탁재산을 매수한 제3자가 명의수탁자의 명의신탁자에 대한 배임행위에 적극 가담한 경우에는 명의수탁자와 제3자 사이의 계약은 반사회적인 법률행위로서 무효라고 할 것이고, 이때 제3자가 명의수탁자의 배임행위에 적극 가담하는 행위란 수탁자가 단순히 등기명의만 수탁받았을 뿐 그 부동산을 처분할 권한이 없는 줄을 잘 알면서 명의수탁자에게 실질소유자 몰래 신탁재산을 불법처분하도록 적극적으로 요청하거나 유도하는 등의 행위를 의미하는 것이다. 부동산의 매수인이 매도인의 배임행위에 적극 가담하여 그 매매계약이 반사회적 법률행위에 해당하는 경우에는 매매계약은 절대적으로 무효이므로, 당해 부동산을 매수인으로부터 다시 취득한 제3자는 설사 매수인이 당해 부동산의 소유권을 유효하게 취득한 것으로 믿었다고 하더라도 매매계약이 유효하다고 주장할 수 없는 것이며, 이러한 법리는 담보권설정계약에서도 마찬가지라 할 것이다.[87]

3. 종중재산의 분배와 관련한 분쟁

앞서 서술한 바와 같이 종중재산 분배가능론의 입장과 현재 대법원의 태도에 따르면 종중재산의 분배 또한 종중재산의 처분에 해당하므로 종중규약에서 정하는 절차 또는 종중총회의 결의를 통하여 분배가 가능하다.

종중재산의 분배 결의의 결과 대상자에서 제외되거나 불합리한 차별을 받은 경우 즉, 종중의 분배 결의가 불공정하여 무효인 경우에도 종중원은 그 결의의 무효 확인 등을 소구하여 승소판결을 받은 후 종중총회에서 새로운 결의에 의하여 그 권리를 구제받을 수 있을 뿐이고, 종중총회의 새로운 분배 결의가 없는 경우에는 종중원이 종중에 대하여 직접 분배청구를 할 수는 없다.

하지만 종중 토지에 대한 수용보상금을 종중원에게 분배하기로 결의하였다면, 그 분배대상자라고 주장하는 종중원은 종중에 대하여 직접 분배금의 청구를 할 수 있다. 장차 분배청구를 할 종중원이 더 있을지도 모른다는 사유만으로 분배대상자가 확정되지 않았다고 할 수도 없고, 종중에서 분배하기로 정한 금액을 이미 다른 종중원들에게 지급하였다 하더라도 이행불능으로 되었다고 할 수도 없다.[88]

종중재산의 형성과정, 목적, 관리·처분관계를 종합적으로 고려하면 여기에서는 일종의 신탁 유사의 관계가 성립한다고 보는 것이 합리적이다. 즉, 종중의 재산은 제사의 봉행 및 공동선조의 후손 전체의 이익을 위해 종중에게 신탁된 것으로 보아, 종중은 신탁목적에 맞게 종중재산을 관리·처분하여야 한다고 해석되므로, 종중재산을 처분하여 이를 개인에게 귀속시킴에 있어서는 신탁의 법리를 유추하여 성년여자뿐만 아니라 미성년자들을 포함한 전체 후손 전원에게 합리적 기준에 따라 배분하여야 하며, 종중원에게만 분배하는 것은 허용될 수 없다고 해석하여야 할 것이다.

요컨대, 종중이 소유하는 재산으로는 분묘수호 등에 쓰이는 종산宗山과 제사봉행 등에 소요될 식량 및 그 비용의 조달 등을 위한 위토전답位土田畓 그리고 제구祭具 등이 주된 것이고, 이러한 재산은 주로 재력 있는 선조나 후손들의 증여 또는 종중원들의 출연에 의하여 마련된 종중의 총유로서, 일단 종중의 소유로 귀속되면 그 재산을 종중에 증여한 사람이나 그의 상속인이라도 배타적인 권리를 주장할 수 없고, 오로지 종중의 목적에 합당하게 사용되어야 하며, 종중재산을 처분하여 이를 개인에게 귀속시킴에 있어서는 신탁의 법리를 유추하여 후손 전원에게 합리적으로 분배하고, 종중원에게만

분배하는 것은 허용될 수 없는 것이다.[89]

종중으로서는 종중재산의 분배 결의 시 미성년자도 포함시키는 것이 추후 불공정한 분배 결의로서 무효가 되는 결과를 방지할 수 있을 것이다.

분배 결의 시에 해외에 거주하고 있는 종중원들도 그 분배대상에 포함시켜야 하는지에 대하여 명시적·구체적으로 다룬 판례는 현재까지 보이지 아니한다. 종중총회의 결의를 위한 소집통지의 경우에, "종중총회는 종중원에 관한 세보의 기재가 잘못 되었다는 등의 특별한 사정이 없는 한 그 세보에 의하여 소집통지 대상이 되는 종중원의 범위를 확정한 후, 가능한 노력을 다하여 종중원들의 소재를 파악하여 국내에 거주하고 소재가 분명하여 통지가 가능한 종중원에게 개별적으로 소집통지를 하여야 한다."[90] 라고 소집통지의 대상을 국내에 거주하고 있는 연락 가능한 종중원으로 한정하는 판례에 근거하여, 해외거주 종중원들을 종중재산의 분배대상에서 제외하고자 하는 종중들도 있을 것이다.

하지만 종중의 형성 및 활동과 관련하여 그 본질을 생각하여 보면 종중은 자연발생적인 종족집단으로서 그 선조의 사망과 동시에 그 자손에 의하여 관습상 당연히 성립되어 가입되는 점, 해외에 거주하고 있는 종중원이라 하더라도 국내에 자주 오고 가는 사람들이 현실적으로 많고 그 중에는 종중활동에 관여하고 있는 종중원들도 있을 수 있는 점, 위 판례가 종중총회 결의를 함에 있어서 해외에 거주하고 있는 종중원들이 소집통지의 대상이 될 필요가 없다는 점에 대하여만 판단하였을 뿐이지 종중재산의 분배와 관련하여서는 아무런 판단을 하고 있지 않다는 점 등을 종합하여 볼 때, 해외거주 종중원들에 대하여도 일정한 비율로 종중재산을 분배하는 것이 종중으로서는 차후 발생할 수 있는 분쟁을 미연에 방지하는 선택이 될 것이다. 소재가 파악이 되지 않거나 연락이 불가능한 종중원들에 대한 종중재산의 분배와 관련하여서도 이에 준하여 생각할 수 있을 것이다.[91]

소송을 통한
종중재산 분쟁의 해결

宗中財産의 管理 및 運用

소송을 통한
종중재산 분쟁의 해결

宗中財産의 管理 및 運用

　종중재산을 둘러싼 분쟁은 여러 형태로 발생할 수 있다. 물론 종중 내에서 종중원 간의 내부 합의로 매듭지을 수 있는 경우도 존재하지만, 대부분은 법적 다툼으로 이어지기 마련이다. 특히 종중재산의 권리관계는 오랜 세월 동안의 변화를 확인하여야 하고, 그를 증명할 수 있는 공부公簿가 현대화되지 않은 경우가 많아서 권리 소재의 규명과 증명이 쉽지 않다. 또한 종중재산 분쟁이 빈번하게 발생하고 있는 것과는 별개로, 아직 이 분야에 대한 입법이나 판례 법리는 체계적으로 정리되지 않은 측면이 커서 소송의 진행 양상이 더욱 복잡해지기 마련이다.

　이 장에서는 종중재산과 관련한 법적 분쟁의 양상을 살펴보고, 각 경우 구체적인 소송의 진행 방식이 어떻게 이루어지는지를 살펴본다. 또한 종중재산과 관련된 여러 가지 쟁점에 대하여 우리 대법원이 취하고 있는 태도를 확인하며, 연관된 몇 가지 구체적인 사례를 살펴본다면 종중재산의 법적 분쟁에 관한 이해를 높일 수 있을 것이다.

제1절 종중의 당사자능력과 당사자적격

1. 소송요건 일반

소송요건訴訟要件이란, 소가 적법하기 위하여 구비하여야 할 기본적인 요건을 의미하는 것으로 '본안판결요건'이라고도 한다. 사건의 구체적인 사실관계와 법리 관계에 관한 판단, 즉 본안판단이 이루어지기 전에 해당 사건이 소송으로서 적법하게 진행되기 위하여 가장 기본적으로 필요한 조건을 갖추고 있는지의 여부를 판단하는 기준이 된다. 소송요건을 갖추고 있지 않은 경우 그 소는 각하却下 대상이 된다.

소송요건은 재판권·관할 등 법원에 관한 사항, 당사자능력·당사자적격·소송능력 등과 같은 당사자에 관한 사항, 그리고 소의 이익·기판력의 부존재 등과 같은 소송물에 관한 사항의 세 가지로 크게 나누어진다. 이 중 법원에 관한 소송요건과 소송물에 관한 소송 요건은 일반론적인 법리로 접근하여도 종중재산 분쟁을 분석하는 데 크게 문제될 것이 없으므로 생략하기로 한다. 종중 소송에서 본안판결을 하기 전 가장 빈번히 문제되는 요건은 종중의 단체성, 소송을 진행하기 위해 적법한 의결을 거쳤는지 등 종중 자체의 소송 당사자로서의 자격에 관한 문제이다. 따라서 이 절에서는 당사자 종중에 관한 소송요건을 중심으로 살펴보기로 한다.

2. 종중의 당사자능력

당사자능력當事者能力이란 소송상의 당사자가 될 수 있는 권리능력을 뜻하는 소송법상의 용어이다. 당사자능력은 법원의 직권조사사항[1]으로서, 당사자가 주장하거나 다투지 않아도 법원이 직권으로 조사하여야 하는 요건이다. 소송 당사자가 당사자능력이 없다고 판단되면 소는 각하되는데, 그 판단의 시점은 사실심(즉, 제1심과 제2심)의 변론종결일이다.[2]

앞서 설명하였듯이 종중의 법적성질은 민법상 법인 아닌 사단(비법인사단)에 해당하므로, 종중이 당사자능력을 갖추었는지의 여부는 비법인사단이 당사자능력을 갖추었는지의 문제와 관련되어 있다. 비법인사단은 대표자 또는 관리인이 있는 경우에 당사자능력을 갖는 것이 원칙이다(민사소송법 제52조). 대법원은 이 조항의 의미와 관련하여 "일정한 목적을 가진 다수인의 결합체로서 그 결합체의 의사를 결정하고 업무를 집행할 기관들 및 대표자 또는 관리인에 관한 정함이 있어야 할 것"을 그 요건으로 설시하고 있다.[3]

법원은 특히 종중이 위 요건을 충족하는 비법인사단에 해당하여 당사자능력을 갖추는지에 관하여, '조직성' 및 '지속성'을 중심으로 그 요건을 설시하고 있다. 즉, 종중은 공동선조의 분묘수호와 제사 그리고 종중원 상호간의 친목 등을 목적으로 하는 자연발생적인 관습상의 종족집단체로서 특별한 조직행위를 필요로 하거나 성문의 규약을 필요로 하는 것이 아니라고 하면서, 그 공동선조의 후손 중 성년 이상의 남자는 당연히 그 구성원(종원)이 되는 것(자연발생설)이라고 강조하며, 종중의 규약이나 관습에 따라 선출된 대표자 등에 의하여 대표되는 정도로 조직을 갖추고 지속적인 활동을 하고 있다면 비법인사단으로서의 단체성이 인정된다는 입장을 견지하고 있다.[4]

그러므로 단순히 '종중'의 명칭을 사용하는 단체라고 하여 모두 소송법상 당사자능력을 갖춘 것은 아니다. 정리하자면 종중이 당사자능력을 주장하기 위해서는 ① 규약, 관습 등에 따라 선출된 대표자를 비롯하여 단체로서의 조직성을 갖춘 사실 및 ② 종중으로서 지속적인 활동을 해온 사실을 입증하여야 할 것이다.

3. 당사자능력의 입증 자료

종중이 이와 같은 당사자능력을 주장하기 위해서 제출할 수 있는 증거자료로는 종중의 내력을 구체적이고 상세하게 설명할 수 있는 족보族譜,[5] 대동보大同譜,[6] 파보派譜,[7] 세보世譜,[8] 가승보家乘譜,[9] 계보系譜,[10] 만성보萬姓譜[11] 등의 종중 보첩譜牒, 대표자를 선출한 종중총회의 의사록 및 녹취록 등의 소명 자료, 종중규약, 종중 관련 사적, 기념비 등의 현물 자료 및 그 촬영 자료, 이 밖에 현재까지 지속적으로 실체성 있게 활동하였음을 보여줄 수 있는 서류, 사진, 서적 등을 대법원이 인정하고 있다.

특히 상기와 같은 구체적인 자료들은 종중 유사 단체와의 구별을 위해서도 중요한 의미를 가지므로, 종중재산 관련 다툼이 예상되는 경우 앞의 자료들을 꼼꼼히 확보하는 것이 중요하다. 아래에서 살펴볼 종중총회의 소집 통지 대상이 되는 종중원의 범위 확정과 관련하여서도, 대법원은 족보와 세보가 존재하고 있다면 그 기재가 잘못되었다는 사정이 없는 한 그 족보[12]와 세보[13]에 의하여 범위를 확정하여야 한다고 하여 종중원 범위 확정 근거로서 종중 보첩의 효력을 인정하고 있다.

4. 종중의 당사자적격

당사자적격當事者適格이란 특정 소송에서 정당한 소송을 수행하고 본안판결을 받기에 적합한 자격을 일컫는 소송법상의 용어이다. 앞서 살펴본 당사자능력이 소송의 내용과 무관하게 인정되는 일반적인 능력을 의미하는 것인 반면, 당사자적격은 소송 각각의 성격에 따라 정당한 원고나 피고로서의 지위를 가지고 있는지에 관한 자격을 의미한다.

따라서 종중이 당사자적격을 갖추었느냐의 문제 역시 각 소송에 관한 당사자적격 요건에 관한 일반 원칙으로 돌아가서 판단할 수 있다. 종중재산 분쟁과 관련된 소송 유형에 따라 당사자적격을 살펴보면 다음과 같다.

① 이행의 소는 종중재산 관련 분쟁에서 매우 흔하게 제기되는 형태이다. 대표적으로 소유권이전등기청구 소송, 이전등기나 보존등기의 말소등기청구 소송을 예로 들 수 있다. 이러한 이행의 소에서는 자기가 이행청구권자임을 주장하는 사람이 원고적격을 가지고 그로부터 이행의무자로 주장된

사람이 피고적격을 가지는 것이 원칙이다. 즉 원고의 주장 자체에 의하여 당사자적격 유무가 판가름되며 당사자가 실제로 이행청구권자이거나 이행의무자임을 요하는 것이 아니다.[14] 따라서 종중이 원고가 되는 경우라면 이행청구권이 있다고 주장하는 자체로 원고적격을 가지게 되고, 종중이 피고가 되는 경우 원고가 이행의무자가 종중임을 주장함으로써 종중은 피고적격을 가지게 되는 것이다.

② 확인의 소 역시 종중재산 관련 분쟁에서 흔히 나타나는 형태이다. 종중재산에 대한 소유권확인청구 소송, 종중총회결의무효확인청구 소송 등을 예로 들 수 있다. 확인의 소는 그 청구에 관하여 확인의 이익을 가지는 사람이 원고적격을 가지고 그 확인에 대한 반대의 이익을 가지는 사람이 피고적격을 가진다. '확인의 이익'은 구체적 분쟁의 양상에 따라 달라진다. 예를 들어 종중의 대표자라고 주장하는 자가 종중을 상대로 하지 않고 종중원 개인을 상대로 하여 대표자 지위의 적극적 확인을 구하는 소송은 확인의 이익이 없고,[15] 이 경우 종중 자체만이 피고가 될 수 있다.

③ 형성의 소란 법률관계를 변동시키는 판결을 목적으로 하는 소송을 의미한다. 형성의 소는 법률에 명문의 규정으로 허용되는 몇 가지 경우에만 인정되는 것이 원칙이며, 그러한 특별 규정에 근거하지 않고 제기된 소는 부적법하다.[16] 종중 소송과 관련된 예로는, 비법인사단의 총회에 절차상의 하자가 있으면 원칙적으로 총회결의무효사유가 되는 것이고 따로 총회결의 취소의 소를 인정할 법적 근거가 없으므로 임시총회결의의 취소를 구하는 소는 부적법하다는 판례[17]가 있다. 즉 종중총회 결의에 하자가 있으면 종중총회무효확인 소송을 제기하게 된다.

제2절 토지조사부와 지적공부

1. 토지공부

종중재산과 관련된 분쟁은 오래 전부터 종중이 관리하고 점유하여 왔던 종중의 재산에 관하여 권리관계를 밝히고 가치를 분배하는 것에 기인하므로, 소송 단계에서 권리관계 존부와 소재를 증명하는 것이 어려운 경우가 많다. 1910년대 일제의 토지조사사업 및 임야조사사업을 통하여 토지조사부 및 임야조사부가 만들어진 이후에야 '땅'에 대한 개인의 소유권이라는 개념이 정착하기 시작하였으므로, 그 이전의 권리관계는 증명의 대상이 되지 않는다. 그러나 이후의 권리관계, 특히 현대 등기제도와 지적법이 발달되기 전의 부동산 권리관계는 대부분의 경우 토지조사부 및 이를 기초로 작성된 구 토지대장과 구 임야대장 등의 지적공부地籍公簿에 의존하게 되는데, 이 문서들에는 불실한 기재가 적지 않고, 멸실된 경우도 매우 많다.

특히 토지조사부가 작성될 당시에는 종중의 명의로 토지를 사정查定받는 것이 불가하여 필수적으로 종중원들의 명의로 명의신탁을 하였는데, 이것이 종중재산을 둘러싼 종중과 종중원 개인 간 분쟁의 불씨가 된다. 뿐만 아니라, 이후 초기 등기부를 작성할 당시에도 종중의 명의로는 소유권을 이전하는 것 역시 불가능하였기 때문에 부동산에 관한 소유권 이전등기를 할 때도 종중원의 명의로 등기할 수밖에 없었던 경우가 많다.

따라서 종중재산 분쟁을 해결하기 위해서는 우선 토지조사부, 토지대장 등의 공부들의 기재 효력 및 멸실·일부멸실·소실된 경우의 대법원의 판단 방법을 파악하고 있는 것이 중요할 것이다. 일제 때 토지조사사업이 실시되어 전국 필지의 측량이 이루어졌고, 이를 토대로 토지조사부가 작성되어 사정査定이 이루어졌으며, 이를 기초로 토지대장이 작성되었고, 이후 등기 제도가 실시되어 여러 번의 변화를 거쳐 오늘날에 이르렀다. 이하에서는 이렇게 작성된 토지조사부와 지적공부의 기재 의미와 법적 효력에 관하여 법리적으로 살펴보기로 한다.

2. 토지조사부 및 임야조사부

토지조사부 및 임야조사부란, 1910년 한일합방 이후 총독부 임시토지조사국에서 실시한 토지조사사업과 임야조사사업에 근거하여 만들어진 문서이다. 토지조사 사업은 토지조사법과 토지조사령에 근거하여 1910년부터 1918년 사이 9년여에 걸쳐 이루어졌고, 임야조사사업은 조선임야조사령에 의해 1916년부터 1924년 사이 9년여에 걸쳐 이루어졌다. 토지 소유자 신고 후 일필지 조사[18]를 통해 토지조사부가 작성되었다. 이로써 작성된 토지조사부에 의하여 각 필지마다 소유자를 확정하는 '사정査定'이 이루어졌다. 토지조사부에 소유자로 등재된 자를 각 필지의 '사정인'이라고 한다.

사정의 법률적 성격은 원시취득原始取得[19]이다. 즉, 사정 당시까지 해당 토지의 실제 혹은 관습상의 소유관계가 어떠하였는가와 관계없이, 토지조사부에 소유자로 기재되어 사정받음으로써 사정인은 그 토지의 최초의 소유자가 되는 것이다.[20] 사정 이전의 권리관계에 구속받지 않으므로, 저당권 등 토지에 설정된 제한물권이 있었더라도 그러한 모든 부담이 사라진 하자 없는 소유권을 취득하게 된다. 대법원은 토지조사부에 소유자로 등재되어 있는 자는 재결에 의하여 사정내용이 변경되었다는 등의 반증이 없는 한 토지소유자로 사정받고 그 사정이 확정된 것으로 추정된다는 입장이다.[21] 임야조사부에 관하여서도 마찬가지의 법리를 적용한다.[22]

어떠한 사실이 등기되어 있다면, 그 등기에 부합하는 실체적 권리관계가 존재하는 것으로 추정되는 효력을 '등기의 추정력'이라고 한다. 이는 다시 그 등기가 적법한 절차를 거쳐 이루어졌다고 추정되는 효력인 '등기절차의 추정력'과, 등기부상 기재된 등기 원인에 따라 적법하게 권리관계가 변동되었다고 추정되는 효력인 '등기원인의 추정력'으로 나누어진다.

등기에 추정력이 있다는 것은 곧 등기명의인은 적법한 권리자로 추정되기 때문에 그 등기의 하자를 주장하는 측에서 그와 같은 사실을 입증하여야 한다는 것을 뜻한다. 즉 등기의 하자를 주장하는 사람이 입증책임立證責任을 진다.[23] 예를 들어 어떤 필지에 관하여 종중의 앞으로 소유권이전등기가 되어 있고 등기 원인이 '매매'로 되어 있다면, 실제 그 필지가 어떠한 경위로 인해 종중에게 이전되었거나 어떠한 절차를 걸쳐서 등기가 이루어졌는지 등의 사정에 관계없이 종중은 그 필지를 매수하여 적법한 등기 절차를 거쳐 소유권을 이전받은 것이라고 법률적으로 추정된다. 그리고 제3자가 등기된 필지의 소유권이 종중에게 없다는 주장을 하려면, 그 사실을 제3자가 입증하여야 하고 종중은 별도로 스스로가 소유권을 적법하게 보유하고 있음을 증명할 필요가 없다.

3. 보존등기의 추정력 및 사정명의인과의 관계

보존등기도 등기이므로 추정력이 인정된다. 그러나 보존등기의 추정력은 다른 등기의 추정력보다는 약한데, 이것은 보존등기 명의인이 아닌 제3자가 해당 필지를 사정받은 것으로 밝혀지는 경우 곧바로 보존등기의 추정력이 깨어지기 때문이다.[24] 소유권이전등기의 경우 이와 같이 사정인이 따로 있다는 사실만으로 추정력이 깨어지지는 않는다.

즉, 사정인이 보존등기명의인에 우선한다. 토지조사부 기재에 의하여 다른 사람이 해당 토지를 사정받은 것으로 밝혀지는 경우, 해당 토지의 등기부상 소유권보존등기 명의인은 그 구체적인 승계취득사실을 주장, 입증하지 못하는 한 그 등기는 원인무효로 되는 것이다.[25] 위 예에서 종중명의로 소유권보존등기가 된 필지에 관하여 종중원 중 한 사람의 명의로 해당 필지가 사정되었음이 밝혀진다면, 종중명의의 등기는 추정력이 깨어지고, 사정명의인인 종중원이 적법한 소유자로 추정받는다. 종중원은 종중을 상대로 보존등기 말소 청구를 할 수 있을 것이다.

국가가 소유권보존등기를 한 경우에도 마찬가지이다. 따로 사정명의인이 존재하는 토지의 경우에는 설령 국가가 그를 무주부동산 취급하여 국유재산법령의 절차를 거쳐 국유재산으로 등기를 마치더라도 국가에게 소유권이 귀속되지 않는다[26]는 것이 대법원의 입장이다.

4. 특별조치법상 등기명의인과의 우선 관계

이와 같이, 보존등기 명의인보다 사정명의인이 우선하는 것이 원칙이나, 이 원칙의 적용이 배제되는 한 가지 예외가 존재한다. 바로 「부동산 소유권 이전등기 등에 관한 특별조치법」이나 「임야 소유권 이전등기 등에 관한 특별조치법」에 따라 보존등기를 마친 경우이다.

위 두 법은 한시법으로, 「부동산 소유권 이전등기 등에 관한 특별조치법」[27]은 2007년 12월 31일까지 시행되었고, 「임야 소유권 이전등기 등에 관한 특별조치법」 역시 2008년 12월 19일 폐지되었다. 소유권보존등기가 되어 있지 아니하거나 등기부의 기재가 실제 권리관계와 일치하지 아니하는 부동산들에 관하여 일반 등기 절차보다 용이한 절차를 거쳐 실제 권리관계와 일치하는 등기를 경료할 수 있도록 하기 위하여 제정되었다. 등기하고자 하는 자는 대장소관청으로부터 '확인서'를 발급받아야 했으며, 이 확인서를 발급받기 위해서는 보증인[28] 3인 이상의 보증서를 첨부하여 제출하여야 했다.

소위 '특조법'이라 불리는 이 두 법이 특히 중요한 이유는, 특조법에 근거하여 소유권보존등기를 마친 자들은 사정인보다도 우선하는 권리추정력을 갖는다. 즉, '토지조사부에 기재된 사정인이 보존등기 명의인보다 우선한다'는 위 명제의 예외가 되는 것이다.

대법원은 "「임야 소유권 이전등기에 관한 특별조치법」이나 「부동산 소유권 이전등기 등에 관한 특별조치법」에 의하여 소유권보존등기 또는 이전등기가 이루어진 경우에는 그 토지를 사정받은 사람이 따로 있다든가, 임야대장 또는 토지대장에 등기명의인에 앞서 다른 사람의 소유명의로 등재되어 있더라도 위 보존등기 또는 이전등기는 같은 법이 정하는 적법한 절차에 따라 이루어진 것으로서 실체관계에 부합하는 등기로 추정되므로 그 등기의 말소를 구하는 자는 같은 법에 따라 발급된 보증서나 확인서가 허위 또는 위조되었다든가 그 밖의 사유로 인하여 그 등기가 적법하게 이루어진 것이 아님을 주장, 입증하여야 한다."고 설시하고 있다.[29]

즉 특조법에 의하여 이루어진 보존등기는 사정인이 따로 있다거나 여타 지적공부에 다른 소유 명의인이 등재되어 있다는 등의 사정만으로 등기의 추정력이 깨어지지 않는다. 특조법에 따른 보존등기시 구비해야 하는 서류인 확인서와 보증서가 적법하지 않았다는 등 특조법에 따른 절차 자체를 준수하지 않은 경우에만 그 추정력이 깨어질 수 있다. 따라서 특조법에 따른 보존등기 명의인이 사정명의인보다 우선한다고 할 수 있다.

5. 지적공부의 권리추정력

'지적공부地籍公簿'란 토지대장, 임야대장, 공유지연명부, 대지권등록부, 지적도, 임야도 및 경계점좌표등록부 등 지적측량 등을 통하여 조사된 토지의 표시와 해당 토지의 소유자 등을 기록한 대장 및 도면(정보처리시스템을 통하여 기록·저장된 것을 포함한다)을 말한다.[30] 토지대장과 임야대장은 각 토지 및 임야의 소재, 지번, 지목, 소유자의 인적사항(성명, 주소 및 주민등록번호) 등이 기재되어 있는 공부이다. 일제 때의 토지조사사업과 임야조사사업을 통해 구 토지대장과 구 임야대장이 작성되었다. 이후 1975년까지 부책식 대장을 사용하였고, 1975~1978년에 다시 카드식 대장으로 전환되었으며, 1980년 이후에 비로소 전산화되어 현재의 토지대장에 이르게 되었다.[31]

구 토지대장규칙이 시행되기 이전인 1914. 4. 25. 이전에 작성된 토지대장상의 기재는 권리추정력이 없다. 대법원도 소유권의 이전에 관한 사항은 등기관리의 통지가 없으면 토지대장에 등록할 수 없다고 규정한 구 토지대장규칙(1914. 4. 25. 조선총독부령 제45호)이 제정 및 시행되기 이전에 구토지대장상 소유권이전 사실이 등록된 사실만으로는 구 토지대장상의 등록일자 이전에 소유권이전등기가 이미 경료되었다고 보기 어렵다고 하여 이와 같은 입장을 분명히 밝히고 있다.[32]

　　구 토지대장규칙(1914. 4. 25. 조선총독부령 제45호)의 제정 및 시행 이후에는 원칙적으로 토지조사사업에 기초하여 작성된 구 토지대장과 구 임야대장에 기재된 사항은 권리추정력이 미친다. 이는 구 토지대장규칙에 "소유권의 이전에 관한 사항은 등기 관리인의 통지가 있지 않으면 토지대장에 등록할 수 없다."고 규정되어 있기 때문이다. 이 규정이 최초로 제정 및 시행된 것은 구 토지대장규칙(조선총독부령 제45호)이 제정 및 시행된 1914. 4. 25. 이후이다. 구 임야대장규칙(1920. 8. 23.)에도 같은 내용이 규정되어 있다.

　　그렇다면 구 토지대장규칙이 시행된 이후 작성된 토지대장상 기재는 늘 권리추정력이 미치는 것인지 문제된다. 우선, 6·25 전란 때 멸실되지 않고 기록이 보존된 구 토지대장 및 구 임야대장의 기재는 권리추정력이 미친다.[33] 즉, 구 토지대장에 소유권이 이전된 것으로 등재되어 있다면 이는 당시 그와 같이 등기가 이미 마쳐져 있었음을 의미하므로, 특별한 사정이 없는 한 그와 같은 소유권이전 등록의 권리추정력이 인정되는 것이다.

　　대법원은 구 임야대장규칙(1920. 8. 23. 조선총독부령 제113호)에 의하여 준용되는 구 토지대장규칙(1914. 4. 25. 조선총독부령 제45호) 제2조는 소유권이전에 관한 사항은 등기관리의 통지가 없으면 임야대장에 등록하지 아니한다고 규정하고 있기 때문에, 구 임야대장상 소유자변동의 기재는 위 규정에 따라 등기공무원의 통지에 의하여 이루어진 것이라고 보아야 한다고 판시하면서, 그러므로 그 임야대장에 소유권이 이전된 것으로 등재되어 있다면 특별한 사정이 없는 한 그 등재 명의로 소유권이전등기가 마쳐졌는데 그 후 등기부가 멸실된 것이라고 인정하여야 한다고 보았다.[34·35] 토지대장에 관하여도 같은 취지의 입장을 보이고 있다.[36]

　　한편 구 대장상 소유권 이전이 기재되어 있다고 하더라도, 개인으로부터 이전받은 것이 아니라 국가로부터 이전받은 경우에는 위와 같이 추정받지 않는다. 구 토지대장규칙(1914. 4. 25. 조선총독부령 제45호) 제2조에 의하면

'토지에 대한 소유권의 이전은 등기공무원의 통지가 없으면 토지대장에 등록할 수 없으나 다만 국유지의 불하, 교환, 양여 또는 미등기 토지의 수용으로 인하여 소유권이 이전된 경우 및 미등기 토지를 국유로 하는 경우는 그러하지 아니하다'라고 규정하고 있으므로 구임야대장상 소유권을 양수·취득한 것으로 등재된 자는 원칙적으로 당해 임야에 관하여 소유권이전등기를 마치고 이를 소유한 자라고 추정할 수 있지만, 그 전소유자가 국인 경우에는 그렇게 추정할 수 없고, 단지 국으로부터 국유지를 불하, 교환, 양여 등을 받았다고 추정할 수 있을 뿐이라는 것이 우리 법원의 입장이다.[37]

전란 때 소실된 대장의 효력은 어떻게 되는지도 매우 중요한 문제이다. 이와 비교하여 먼저 멸실된 등기부의 효력에 관하여 살펴보면, 등기부가 멸실되었다 하더라도 이는 등기부 자체의 멸실일 뿐 이미 등기되어 있던 권리관계에 변동을 주는 사유가 되지 않는다. 대법원은 민법 시행 이전에 이미 법률행위로 인한 물권의 득상得喪 변경에 관한 등기가 경료된 경우에는 비록 그 등기부가 멸실되었다 하더라도 민법 부칙 제10조 제1항[38]이 적용될 여지가 없다고 하였으며, 등기부 멸실 당시의 소유자가 회복등기 기간 내에 회복등기를 하지 않았다 하여 소유권을 상실하는 것은 아니라고 보고 있다.[39]

그렇다면 멸실된 등기부가 아닌 멸실된 토지대장과 임야대장의 효력은 어떻게 봐야 하는지를 알아보자. 이는 멸실 대장의 복구가 어떤 과정을 통해 이루어졌는지 여부에 따라 효력이 달라진다. 이하에서 경우를 나누어 살펴본다.

① 지적법 개정 전 복구된 토지대장의 효력
토지대장 중에는 6·25 전란 때 멸실된 대장들이 있다. 우선 구 지적법 (1950. 12. 1. 제정, 법률 제165호)이 시행된 1950. 12. 1.부터 구 지적법(1975. 12. 31. 개정, 법률 제2801호)이 시행된 1976. 3. 31. 전까지의 기간 동안에 토지대장에 기재된 사항에 관하여는 권리추정력이 인정되지 않는다. 구 지적법 시행 당시에는 이러한 지적공부의 복구 절차에 관한 법률 규정이 전혀

구비되어 있지 않았기 때문이다. 이 기간 동안 복구된 대장들은 소관청이 아무런 근거 없이 직권으로 복구한 것이므로, 비록 구 토지대장규칙이 시행된 이후에 작성되었던 것들이더라도, 그 복구 과정에 있어 법적 근거가 없으므로 권리추정력이 없다고 보아야 한다.

1975년 12. 31. 부터 개정되어 시행되기 시작한 지적법(법률 제2801호)에 비로소 복구 절차가 규정되기 시작하였으므로 이후 복구된 토지대장의 기재에만 권리추정력이 인정된다. 즉, 전란 이후인 1950년부터 위 법률 시행 이전인 1975. 12. 31.까지 복구 작성된 토지대장 및 임야대장상 기재는 권리추정력이 없다고 할 수 있다.

1950. 12. 1.부터 시행된 지적법(법률 제165호) 및 그 시행령에는 멸실된 지적공부의 복구에 관하여 규정한 바 없었다. 1975. 12. 31.부터 시행되었던 지적법(법률 제2801호로 전면 개정) 제13조에 근거한 같은 법 시행령 제10조는 지적공부를 복구할 때는 소관청은 멸실 당시의 지적공부와 가장 부합된다고 인정되는 자료에 의하여 토지표시에 관한 사항을 복구등록하되 소유자에 관한 사항은 부동산등기부나 확정판결에 의하지 않고서는 복구등록할 수 없도록 규정하고 있었는데, 그 부칙 제6조는 이 영 시행 당시 '지적공부 중 토지표시에 관한 사항은 복구되고 소유자는 복구되지 아니한 것(소관청이 임의로 소유자표시를 한 것을 포함한다)'에 대하여는 위 제10조의 규정을 적용한다고 각 규정하였다.

즉, 1950년에서 1975년 사이 복구된 토지대장은 비록 소유자 이름이 기재되어 있다 하더라도 이를 적법하게 복구된 토지대장이라고 할 수 없는 것이며, 그와 같이 복구된 토지대장에 권리추정력 역시 인정할 수 없다[40]는 것이 우리 대법원의 일관된 태도이다.

② 권리추정력 없는 대장상 기재에 의한 소유권보존등기신청

위와 같이 지적법 개정 전 무효인 복구대장에 소유자로 기재된 자는 이를 근거로 한 보존등기도 할 수 없다. 원래 부동산등기법상 미등기 토지 또는 건물에 관하여 소유권 보존등기를 할 수 있는 신청인은 다음과 같다.

a. 토지대장, 임야대장 또는 건축물대장에 최초의 소유자로 등록되어 있는 자 또는 그 상속인, 그 밖의 포괄승계인

b. 확정판결에 의하여 자기의 소유권을 증명하는 자

c. 수용收用으로 인하여 소유권을 취득하였음을 증명하는 자

d. 특별자치도지사, 시장, 군수 또는 구청장(자치구의 구청장을 말한다)의 확인에 의하여 자기의 소유권을 증명하는 자(건물의 경우로 한정한다)[41]

즉, 원칙적으로 대장상 최초의 소유자로 등록되어 있는 자는 소유권보존등기신청을 할 수 있다. 그러나 소유자 기재가 지적법 개정 전 적법하지 않게 복구 등록된 경우 이와 같이 보존등기신청을 할 수 없다. 이와 관련하여 종중재산 분쟁에서 실제 다음과 같은 사례가 있었다.

사안은 미등기 토지에 관하여 1913. 10. 1. 최초 소유자가 사정받았고, 1962. 3. 14. 신고에 의하여 그 토지대장상 소유자가 종중명의로 변경된 경우이다. 이후 해당 부동산에 대한 대장이 1963. 11. 30.에 복구되었으며, 대장상 1962. 3. 14. 소유자 복구를 원인으로 하여 종중명의로 소유자 복구등록이 되어 있었다. 이에 종중이 대장상 기재를 근거로 소유권보존등기를 신청하였으나 반려된 것이다.

우리 법원은 이와 관련하여 "1975. 12. 31. 법률 제2801호로 전문 개정된 지적법이 시행되기 전에는 멸실된 토지(임야)대장의 복구에 관한 절차가 전혀 없었으므로, 위 지적법이 시행되기 전인 1963. 11. 30. 복구된 구 토지대장상의 소유자 기재 및 이를 근거로 한 토지대장상의 소유자 복구 기재는 법적 근거 없이 이루어진 것이어서 적법하게 소유자로 등록되었다고 볼 수가 없어, 위 토지대장상에 소유자로 기재된 종중은 그 토지대장등본을 첨부하여 직접 자기 명의로 소유권보존등기를 신청할 수 없을 것[42]"이라고 설명하였다.[43]

③ 권리추정력 없는 대장상 명의자의 말소등기청구

한편, 권리추정력이 없는 대장상 명의자로 기재된 자는 무효인 보존등기의 말소를 청구할 수도 없는지 검토가 필요하다. 우리 법원은 말소 청구

를 할 수 없다는 입장이다. 법원은 개정 지적법 시행 전 소관청이 임의로 복구한 토지대장에 기재된 소유자에 관한 사항은 권리추정력이 없기 때문에, 그와 같이 소유자로 기재된 자에게 등기의 말소를 주장할 수 있는 권원이 인정되지 않으므로, 설령 소유권보존등기가 말소되어야 할 무효의 등기라고 하더라도 말소등기 청구는 인용될 수 없다고 보았다.[44]

④ 대장상 기재가 누락된 경우

대장상 소유자 등의 신원에 관한 기재가 누락되어 권리자를 특정할 수 없는 경우의 효력도 문제된다. 토지대장 및 임야대장에는 원칙적으로 권리자의 성명, 주소는 기본적으로 기입하여야 하지만, 일부 요소가 누락된 대장이 매우 많다. 이러한 경우 일단은 등기필증, 폐쇄등기부, 구 임야대장 및 토지대장 등 참조 가능한 모든 자료를 동원하여 권리관계를 판단하여야 한다. 대장상 기재된 권리자와 소송 당사자의 동일성 여부는 엄격하게 판단되므로, 불실 기재된 대장 외에는 그와 같은 권리관계를 인정할만한 여타 자료가 존재하지 않는 경우, 대장상 기재는 추정력을 가지지 않는다.

법원은 토지대장에는 "소외 1"이라는 이름과 주소가 기재되어 있으나 연혁, 사고 및 그 연월일이 공란이어서 그 이전의 권리관계에 대한 기재는 없는 사안에서, 이러한 경우의 토지대장은 사정명의인으로서 임야를 원시취득한 자로부터 "소외 1"에게로 정당한 절차에 따른 소유권의 승계사실을 추정할 수 있는 토지대장으로 볼 수 없다고 판단하였다.[45]

또 다른 사안에서는 사정명의자와 상이한 자가 구 토지대장상 소유자로 등록되어 있었는데 성명 외에 주소 등 여타 기재사항이 모두 누락된 경우였다. 우리 법원은 "분할 전 토지가 사정명의자로부터 승계되었다고 하기 위하여는 그 승계취득 사실이 주장·입증되어야 한다"고 하면서, 구 토지대장상의 소유자란 표시에 소유명의자에 대한 주소, 연월일 및 사고란이 모두 공란으로 남겨져 있는데다가 그 연혁 란에도 아무런 기재사항이 없고 그 이후에는 소유자 미복구로만 되어 있는 이 사안의 경우에는, 그 기재만 가지고는 토지의 사정명의자로부터 소유명의자 앞으로 정당한 절차에 따라 소유권의 승계를 표시하는 대장으로 보기 어렵다"고 판단하였다.[46] 즉, 대장상 이름만 기재되어 있는 자를 소유자로 추정하지 않은 것이다.

⑤ 지적공부에 미치는 권리추정력의 의미

지금까지 대장상 권리추정력이 미치는 경우와 그렇지 않은 경우를 대법원의 입장을 중심으로 살펴보았다. 그런데 여기서 토지대장 등 지적공부상의 '권리추정력'이 미친다는 의미는 등기부의 '권리추정력'과 완전히 동일한 의미는 아니다. 앞서 살펴보았듯이 등기부에 기재된 사항에 미치는 권리추정력이란 입증책임의 전환을 가져온다는 의미의 강한 추정력을 의미한다. 즉, 등기부에 명의자로 기재된 자는 그 자체로 권리의 취득 원인과 절차에 있어 적법함을 추정받으므로, 그 등기의 효력을 다투는 측에서 등기가 무효인 사유를 적극적으로 입증해야 함을 뜻한다.

그러나 지적공부의 권리추정력에 관하여 우리 법원은 등기부의 추정력만큼 강한 추정력을 인정하고 있지는 않다. 대법원은 "임야대장에 임야소유자로 등재하면, 그 임야대장의 기재사항이 진실된 것으로 추정을 받는다 하더라도, 이 경우의 추정은 증명력이 강한 증거자료가 된다는 의미를 가지고 있을 뿐 부동산등기부와 같은 비중의 추정력 즉, 입증책임의 전환까지 초래하는 추정력을 갖는다고는 해석되지 아니한다"고 판시하고 있다.[47]

따라서 이를테면 동일한 토지에 관하여 복수의 구 토지대장이나 구 임야대장이 존재하는 경우, 그 효력에 우열이 있다고 할 수 없으므로 구체적인 사실관계와 증거를 모두 감안하여 소유권의 소재를 판단하여야 할 것이다.[48]

제3절 종중재산 소송의 양상

1. 종중재산 소송의 유형

지금까지는 종중재산의 법적 분쟁과 소송의 진행 과정에서 핵심적 증거 자료로 기능하는 공부들의 효력에 관하여 살펴보았다. 이하부터는 본격적으로 종중이 주체가 된 소송의 유형과 양상에 대해서 살펴보도록 한다. 종중이 당사자가 되는 소송은 재산에 관한 분쟁을 제외하고도 종중의 지위에 관한 분쟁 등 여러 가지 양상을 띠고 있지만, 이 책에서는 주로 종중의 재산 및 총유물에 관한 소송의 형태를 중심으로 살펴보기로 한다.

종중이 주체가 되어 진행하는 소송은 당사자 관계에 따라 크게 ① 종중과 개인 사이의 소송, ② 종중과 종중 사이의 소송, ③ 개인(종중원)과 개인 사이의 소송, 마지막으로 ④ 종중과 국가 사이의 소송 네 가지로 구별할 수 있다. 이 중 종중과 종중 사이의 소송 및 개인과 개인 사이의 소송은 사실상 일반 민사 소송과 크게 그 양상이 다르지 않게 진행되는 경우가 대다수이다. 물론 종중원과 종중원 사이의 소송 중에서도 종중대표자지위부존재확인청구 소송이나 결의무효확인청구 소송 등 다양한 형태가 존재한다. 이 절에서 주로 살펴볼 분쟁의 유형은 주로 종중과 개인 사이에서 발생하는 분쟁과, 종중과 국가 사이에서 발생하는 분쟁이다.

종중과 개인 사이에서 발생하는 분쟁의 대다수는 그 개인의 종중원 지위 여부와 관련이 있다. 어떤 부동산의 대장이나 등기상 명의인이 종중이나 개인 중 일방의 명의로 되어 있는 경우, 혹은 일방이 점유하고 있는 경우 다른 상대방이 그 권리를 다투면서 발생하게 된다.

상술하였듯이 토지조사사업이 이루어질 당시 종중의 명의로 토지를 사정받을 수는 없었기 때문에 많은 종중들이 종중원들 개개인의 명의로 명의신탁하여 토지 및 임야 사정을 받았다. 초기에는 등기도 종중명의로 하는 것이 불가능했기 때문에 종중원 명의로 이전등기를 하는 일도 파다하였다. 이후 오랜 시간이 흘러 종중이 실제 공부상 명의를 바로잡고자 하는 과정에서 명의자인 개인 및 그의 후손과 분쟁이 일어나게 되는 것이다.

이러한 경우 소송에서 명의신탁 관계를 입증하는 것이 매우 중요한 쟁점이 된다. 그런데 일제강점기 당시 종중과 종중원 사이에 명의신탁 약정서를 작성하였을 리도 없고, 작성하였다 하더라도 현재까지 남아있을 가능성은 매우 희박하다. 한국전쟁을 겪고 오랜 세월이 지나며 세대가 바뀌는 동안 종중 자체도 와해되어 가며 결속력이 약해지고 생활의 터전이 분산되는 경우가 부지기수인데, 명의신탁 약정서와 같은 문서가 남아있을 리가 없는 것이다.

따라서 대다수의 경우 재판에서 종중명의신탁의 증명은 많은 간접자료에 의해 추단되고는 한다. 분묘 관리의 현황, 세금 납부의 현황 등 실제 종중이 해당 재산을 관리하였다고 보일 수 있을만한 여러 가지 자료에 의해 명의신탁 사실이 인정될 수 있는 것이다. 명의신탁 인정에 필요한 증거 방법과 실제 사례에 관한 자세한 내용은 이하 관련 부분에서 더욱 자세히 다루기로 한다.

종중재산 관련 분쟁의 또 다른 양상은 종중과 국가 간의 분쟁이다. 국가는 일반 개인과는 다른 권리주체적 특성을 가지고 있다. 종중이 국가를 상대로 권리를 주장할 때는 몇 가지 요건을 갖추어야 하는 경우가 존재한다. 예를 들어 종중이 부동산 소유권확인청구 소송을 진행하는 경우, 국가를 피고로 하기 위해서는 확인의 이익이라는 별도의 소송요건이 필요하다. 즉 국가를 상대로 무분별한 확인 청구를 할 수는 없고, 계쟁 토지에 관하여 권리관계를 다투고 있는 당사자를 상대로 청구를 하여야 하는 것이다.

종중과 국가 간 발생하는 분쟁의 또 다른 형태로는 종중이 소유하고 있는 종중재산이 미등기 상태일 때, 국가가 무단으로 보존등기를 하는 경우가 있다. 토지의 미등기 상태가 장기간 계속되고 있어 국가가 임의로 등기를 마친 것이다. 이 경우 만약 사정인이 종중원이라면, 종중은 그 종중원에 대한 명의신탁 해지를 이유로 한 소유권이전등기청구권에 근거하여 그 종중원을 대위하여 국가를 상대로 보존등기 말소청구를 하는 등의 방법이 있을 수 있다. 물론 이 경우 사정인인 종중원은 사망하였을 가능성이 높으므로, 대상 종중원이 사정인의 후손임을 입증하는 것이 오히려 쟁점이 되는 경우가 많다.

문제는 국가가 점유취득시효를 주장하는 경우이다. 국가도 원칙적으로 점유취득시효로 인한 소유권 취득을 주장할 수 있는 주체가 된다. 그러나 국가는 개인과 달리 정보의 취득과 이용에 있어 본질적으로 우월한 위치에 있는 주체라고 할 수 있는데, 공부 등의 확인을 통해 어렵지 않게 진실한 권리관계를 특정하거나 합리적 의심을 가질 수 있는 주체인 국가에게 일반 개인과 같이 점유취득시효에 의한 권리를 인정하여도 되는가에 관하여 회의적인 시각도 존재한다.

그러나 우리 법원은 국가의 점유취득시효 주장에 관하여 별다른 제재를 가하고 있지 않다. 물론 국가가 과실 없이 소유권 취득절차를 밟았음을 뒷받침할 만한 자료를 제출하지 못하는 등 적법하게 소유권을 취득하였다고 볼 수 없는 사정이 존재하는 경우 재판부는 국가의 점유취득시효에 의한 소유권 취득을 부정할 가능성도 존재한다. 하지만 대법원은 지방자치단체나 국가가 토지 취득절차에 관한 서류를 제출하지 못하는 경우에도, 점유 경위와 용도를 감안할 때 점유개시 당시 공공용 재산의 취득절차를 거쳐서 소유권을 적법하게 취득하였을 가능성이 보이는 경우 점유시효취득을 위한 자주점유를 인정한 사안이 있다.[49]

즉, 국가의 점유시효취득에 관하여 법원이 엄격한 태도를 보이고 있지는 않으므로, 국가가 보존등기를 침탈한 경우 등 국가를 상대로 소송을 진행하여야 할 때 종중은 최대한 신중하게 접근하여야 할 것이다. 또한 국가가 충분히 진정한 소유자를 파악할 수 있는 가능성이 존재했음을 추단할 수 있는 간접 자료 등의 유의미한 증거를 제출할 수 있어야 할 것이다.

2. 총유물에 관한 소송요건

앞에서 살펴보았듯이, 종중의 법적 성격은 비법인사단이므로, 종중재산에 관한 소유의 형태도 비법인사단의 재산 소유 형태인 '총유'가 된다. 소유권 이외의 재산권은 '준총유'임이 원칙이다. 총유에는 공유나 합유와는 달리 지분이 존재하지 않고, 따라서 종중원들이 종중재산에 관하여 지분을 보유하고 있는 것도 아니고, 지분을 처분한다는 개념도 있을 수 없다. 종중원은 정관 기타 규정에 의하여 종중재산을 사용, 수익만 할 수 있다.

종중재산을 관리하거나 처분하기 위해서는 우선 종중규약을 따라야 한다. 종중규약에 따로 정함이 없다면 사원총회의 결의에 의한다(민법 제276조 제1항). 사원총회의 결의가 없이 이루어진 재산 처분 행위는 모두 무효이며, 이 무효는 '절대적 무효'에 해당하므로 이후 종중총회 등을 통해 추인할 수도 없다는 것이 우리 대법원의 입장이다.

종중재산에 관하여 소를 제기하는 행위 역시 총유재산에 관한 관리, 처분행위에 해당한다 할 수 있으므로 종중총회의 결의를 거쳐야 한다. 우리 대법원도 종중재산에 관한 소를 제기할 때 종중총회의 결의를 거치지 않은 경우 소제기에 관한 특별수권을 결한 것이므로 부적법 각하 대상이라는 입장을 보이고 있다.[50] 이는 총유재산의 보존행위로서 소를 제기하는 경우에도 마찬가지이다.[51]

종중재산에 관한 소는 종중 자체의 명의로 종중총회의 결의를 거쳐 제기할 수도 있지만, 종중원 전원이 당사자가 되어 제기할 수도 있다(이를 필수적 공동소송이라고 한다). 다시 말하면, 종중원 개인은 그가 종중의 대표자이거나, 혹은 사원총회의 결의를 거쳤다 하더라도, 그 개인의 이름으로는 소송의 당사자가 될 수 없다. 종중원 전체가 아닌 일부 종중원이 소를 제기하는 것 역시 부적법하다.

3. 소송유형에 따른 구체적 모습

앞서 종중재산과 관련한 소송의 종류에 관하여 간략하게 살펴보았다면, 이하에서는 종중재산과 관련된 각 유형의 소송들이 주로 어떠한 양상으로 전개되는지 사례를 통하여 살펴보기로 한다.

① 확인 소송

확인의 소송에서 빈번히 문제가 되는 것이 바로 "확인의 이익"이라는 소송요건이다. 확인의 소의 피고는 원고의 보호법익과 대립·저촉되는 이익을 주장하고 있는 자여야 하고 그와 같은 피고를 상대로 하여야 확인의 이익이 있게 되는 것이 원칙이다.[52] 확인의 이익은 권리 또는 법률상의 지위에 현존하는 불안·위험이 있고 그 불안·위험을 제거함에는 확인판결을 받는 것이 가장 유효·적절한 수단일 때에 인정된다.

즉, 권리관계에 대하여 당사자 사이에 아무런 다툼이 없어 법적 불안이 없으면 원칙적으로 확인의 이익이 없다. 소유권을 다투고 있지 않은 사람에 대하여 종중재산에 대한 소유권 확인청구를 할 수는 없는 것이다. 또한 직접 분쟁의 당사자가 아닌 자에 대하여 확인을 구하는 것은 특별한 사정이 없는 한 그 확인을 받는다고 하여 법률상 지위의 불안 제거에 별다른 실효성이 있는 것은 아니므로 그 확인을 구할 법률상의 이익이 없어 부적법하다[53]는 것이 우리 대법원의 입장이다.

종중재산과 관련하여 주로 발생하는 확인소송인 소유권확인청구를 예로 들어보자면, 종중이 특정 토지에 대하여 자기 종중원 중 한 명이 사정받았으므로 종중재산이라고 주장하며 확인 청구를 하였는데, 그 토지에 관하여 소유자로 등기된 제3자가 존재함에도 불구하고 제3자를 상대로 하지 않고 국가를 상대로 확인청구를 하는 것은 확인의 이익이 없다. 확인의 소송은 권리에 대립되는 이익을 주장하고 있는 자를 대상으로 하여야 하기 때문이다.

먼저 국가를 상대로 한 확인의 소의 이익을 살펴보자.

원고로서 소를 제기하는 종중들 중 상당수가 일단 국가를 피고로 하여 확인 소송을 제기하고는 하는데, 확인의 이익이 없어 각하되는 경우가 빈번하다. 그렇다면 어떠한 경우에 국가를 상대로 한 확인청구의 확인의 이익이 있는지가 매우 중요하다.

이에 대하여 우리 법원은 "국가를 상대로 한 토지소유권확인청구는 그 토지가 미등기이고 토지대장이나 임야대장상에 등록명의자가 없거나 등록명의자가 누구인지 알 수 없을 때와 그 밖에 국가가 등기 또는 등록명의자인 제3자의 소유를 부인하면서 계속 국가 소유를 주장하는 등 특별한 사정이 있는 경우에 한하여 그 확인의 이익이 있다"고 판시하고 있다.[54] 이 요건을 구체적으로 살펴보면 다음과 같다.

우선, 미등기인 토지여야 한다. 미등기란, 한 번도 등기가 마쳐진 적이 없었음을 의미한다. 등기가 되어 있었는데 전란 때 소실되었다면 미등기가 아니라 복구대상인 토지일 뿐이다.

우리 대법원은 "구 임야대장규칙(1920. 8. 23. 조선총독부령 제113호) 제2조에 의하여 준용되던 구 토지대장규칙(1914. 4. 25. 조선총독부령 제45호) 제2조에 의하면 소유권이전에 관하여는 등기공무원의 통지가 없으면 임야대장에 이를 등록할 수 없도록 규정되어 있으므로, 당시의 임야대장에 망 갑의 명의로 소유권이전된 것으로 등재되어 있다면 그 임야에 관하여 위 일시에 그 명의로 소유권이전등기가 이루어졌는데 그 후 등기부가 멸실되었다고 볼 것이지, 그 임야가 미등기부동산이라고 단정할 수는 없다[55]"는 입장을 보이고 있다.

다시 말하면, 등기된 적이 있다가 등기부가 멸실된 경우와 처음부터 등기가 되어 있지 않았던 경우를 구분하여, 전자는 미등기 부동산이라고 할 수 없다고 보고 있는 것이다. 만약 토지대장이나 임야대장에 소유권이전 등록이 되어 있는 기록이 남아 있었다면, 이는 특별한 사정이 없는 한 그 당시 그 내용 그대로의 등기가 존재했었음을 뜻하는 것으로, 이러한 경우는 미등기 부동산이라고 볼 수 없음이 원칙이다.

다음으로, 토지대장상에 등록명의자가 없거나 등록명의자가 누구인지 알 수 없어야 한다.

국가를 대상으로 한 소유권확인청구는 대장상 등록명의자가 없거나 등록명의자가 누구인지 알 수 없을 때여야 확인의 이익이 있음이 원칙이다. '대장상 등록명의자가 없는 경우'와 관련하여서는 다음과 같은 사례가 있다.

멸실 임야대장 복구시 소유자란이 공백이 되어 토지 소유자임을 임야대장으로 증명할 수 없는 사안에서, 부동산등기법에 의하면 판결에 의하여 소유자임을 증명하고 보존등기를 할 수밖에 없으므로, 보존등기를 위한 소유권 증명 때문에 토지 소유자가 국가를 상대로 제기한 소유권 확인의 소는 가사 관계당사자 간에 다툼이 없다 할지라도, 확인의 이익이 있다고 보았다.[56]

한편, '대장상 등록명의자가 누구인지 알 수 없을 때'와 관련하여 '소유자 기재 중 일부가 누락된 경우'가 해당됨을 판시한 사례가 있다. 즉 미등기토지의 토지대장상 소유자 표시에 일부 빠진 부분이 있어 대장상의 소유자를 특정할 수 없는 경우에는 소유자는 대장에 의하여 소유권보존등기를 할 수 없으므로 소유권보존등기를 하기 위하여 국가를 상대로 당해 토지가 자신의 소유임의 확인을 구할 이익이 있다[57]고 판단하였다.

이와 같이 대장상 등록된 소유자의 이름, 주소, 주민등록번호 중 누락된 부분이 있어 사실상 토지대장만으로는 그 소유자를 특정할 수 없는 경우에는 국가를 상대로 소유권 확인 청구를 할 이익이 있다고 볼 수 있을 것이다.

마지막으로 국가가 소유권을 다툴 때 확인이 인정된다. 위 요건과 같이 '미등기이고, 대장상 등록명의자가 없거나 누군지 알 수 없을 때'의 경우에 해당하지 않더라도, 그 밖에 국가가 등기·등록명의자인 제3자의 소유를 부인하면서 계속 국가 소유를 주장하는 등 특별한 사정이 있는 경우에는 국가를 상대로 확인 청구할 확인의 이익이 있는 것이 원칙이다. 이는 확인의 이익의 법리상 당연한 귀결이라고 할 수 있을 것이다.

하지만, 판례는 다음의 경우에 확인의 이익을 부정하고 있다. 종중재산소송에서 확인의 이익이 문제되는 경우가 빈번하므로, 유사한 사례를 참고하는 것이 실제 소송의 진행에 도움이 될 것이다.

a. 미등기 토지에 관한 토지대장에 '소유권을 이전받은 자'는 등재되어 있으나 '최초의 소유자'는 등재되어 있지 않은 경우, 토지대장상 소유권이선등록을 받은 자에게 국가를 상대로 토지소유권확인청구를 할 확인의 이익이 있다고 보았다.[58]

원래 보존등기를 신청할 수 있는 자는 '대장(토지대장, 임야대장)등본에 의하여 자기 또는 피상속인이 대장에 소유자로서 등록되어 있는 자'인데, 이는 대장에 '최초의 소유자'로 등록되어 있는 자를 말한다. 즉 대장상 소유권이전등록을 받았다 하더라도 현행 민법상 소유권을 취득했다고 할 수 없고, 따라서 대장상 소유권이전등록을 받은 자는 자기 앞으로 바로 보존등기를 신청할 수는 없으며, 대장상 최초의 소유명의인 앞으로 대위하여 보존등기를 한 다음 이전등기를 하여야 한다.

이러한 이유로 인하여, 우리 대법원은 대장상 소유권이전등록을 받은 것으로만 등재되어 있음에 불과한 자는 바로 보존등기를 신청할 수는 없다고 보아야 하므로, 이 경우 국가를 상대로 한 확인 청구의 ② 요건인 '대장에 등록명의자가 없거나 등록명의자가 누구인지 알 수 없을 때'에 해당하여 원고에게 확인의 이익이 있다고 본 사례이다.

b. 지적법이 개정되기 전(1975. 12. 31. 이전) 소유자가 복구등록된 경우에는 그 기재가 권리 추정력이 없으므로 예외적으로 국가를 상대로 하여 확인 청구할 이익이 있다고 보았다.[59]

어느 토지에 관하여 등기부나 토지대장 또는 임야대장상 소유자로 등기 또는 등록되어 있는 자가 있는 경우에, 원칙적으로는 그 명의자를 상대로 한 소송에서 당해 부동산이 원고의 소유임을 확인하는 내용의 확정판결을 받으면 소유권보존등기를 신청할 수 있게 되는 것이므로, 이 경우 소유권확인청구에 확인의 이익이 있다.

그런데 이 사례에서 대상 토지의 임야대장의 공유지연명부는 지적법 개정 전에 복구된 경우에 해당하였다. 상술하였듯이 이러한 경우의 구 임야대장의 공유지연명부는 적법하게 복구된 것이 아니기 때문에 권리추정력을 인정할 수 없다. 따라서 대법원은 이와 같이 대장상 기재가 권리추정력이 없는 예외적인 경우에는, 기재된 그 명의인이 아니라 국가를 상대로 소유권확인청구를 할 수밖에 없다고 본 것이다.

c. 등기부상 명의인의 기재가 실제와 다소 일치하지 아니하더라도, 실질

적으로 인격의 동일성이 인정된다면 등기명의인의 표시경정등기가 가능하기 때문에 굳이 국가를 상대로 실제 소유에 대하여 확인을 구할 이익이 없다고 보았다.[60]

등기명의인의 표시경정은 등기부에 기재되어 있는 등기명의인의 성명, 주소 또는 주민등록번호 등에 착오나 빠진 부분이 있는 경우에 명의인으로 기재되어 있는 사람의 동일성을 변함이 없이 이를 정정하는 것을 말한다. 대법원은 어떤 토지에 관하여 등기가 되어 있는 경우에, 등기부상 명의인의 기재가 실제와 일치하지 아니하더라도 인격의 동일성이 인정된다면 등기명의인의 표시경정등기가 가능하며, 국가를 상대로 실제 소유에 대하여 확인을 구할 이익이 없다고 보았다.

　d. 하지만, 판례는 공유지연명부의 기재가 누락된 경우, 국가를 상대로 한 확인청구의 확인의 이익을 인정하기도 하였다.

이 사례에서는 원고 종중이 대상 토지의 사정인이 원고 종중의 종중원이라고 주장하며 명의신탁의 해지 혹은 점유취득시효를 이유로 소유권을 주장하였다. 토지대장에는 종중원이 아닌 23명의 명의로 소유권이전등록이 이루어진 것으로 기재되어 있으나, 공유지연명부에 그 공유자들의 성명, 주소 등 신상이 전혀 기재되어 있지 않았다.

우리 법원은 "이 사건 토지대장에는 소유자로 소외 23인이 기재되어 있으나 그 공유지연명부에 23인 중 한 명을 제외한 나머지 22인에 대하여는 주소는 물론 성명조차 기재되어 있지 아니한 채 미복구로 남아 있어 그 등록명의자가 누구인지 알 수 없고, 한편 공유자의 지분은 균등한 것으로 추정되므로, 위 성명이 기재된 1명의 지분을 제외한 나머지 지분에 대하여 국가를 상대로 소유권확인을 구하는 원고의 이 사건 소는 그 확인의 이익이 있다"고 보았다.[61]

그러나 이 사안의 경우 최종적으로 원고 종중의 청구가 기각되었다. 확인의 이익이 인정되더라도 원고 종중이 점유취득시효나 명의신탁을 주장하는 이상, 설령 그 원고 종중이 점유취득시효나 명의신탁한 사실이 인정되더라도 원고 종중은 그로써 확정적 소유권이 아닌 소유권이전등기청구권을 가질 뿐이므로 이 사건 토지의 소유권을 취득하였다고 볼 수는 없기 때문이다.

② 이행 소송

종중재산과 관련한 이행 소송의 대표적인 예로는 이전등기청구 소송, 말소등기청구 소송 등이 있고, 종중재산의 분배 결의 무효 소송과 맞물려 분배금 지급 청구 소송이 있다.

종중재산과 관련하여 가장 빈번히 제기되는 말소등기청구 소송의 형태는 위토 등 종중 토지의 소유권 귀속과 관련한 말소등기청구 소송이다. 소유권보존등기말소청구 소송의 경우 종중, 종중원 등 보존등기의 침탈을 주장하는 측에서 보존등기 명의인이 토지조사부상 사정인과 다르다는 주장을 내세우는 경우가 대표적이다. 종중원 명의로 사정받은 종중재산을 국가가 보존등기한 경우 종중이나 종중원 측에서 국가를 상대로 말소등기 청구를 하는 경우도 빈번하다.

이전등기청구의 경우, 종중이 종중원을 대상으로 명의신탁이나 점유시효취득을 이유로 소유권이전등기청구 소송을 제기하는 경우가 대표적이다. 명의신탁을 근거로 한 주장이든 점유시효취득을 근거로 한 주장이든, 종중재산에 관한 대부분의 분쟁은 지적공부나 등기부 등 공부상 명의자와 실제 점유 관리자가 상이함으로 인해 발생하게 되는 것이다.

이때 종중은 종중원에게 해당 토지를 명의신탁한 사실을 주장하게 되어 당시의 계약서, 관리 정황 등의 간접 증거를 제출할 수 있고, 종중원은 명의신탁 사실을 부정하며 개인적으로 소유 및 점유하여 관리해 온 사정을 입증하게 된다. 종중원이나 종중이 점유시효취득 하였음을 주장하는 경우에는, 20년간 자주, 평온, 공연하게 해당 토지를 점유하였음을 입증할 수 있는 자료를 제출하게 된다. 이상의 공격방어 방법에 관한 논의는 이하에서 더 자세히 살펴보도록 한다.

타인이 무단으로 점유하여 이용하고 있는 재산에 관하여 종중이 소유권을 주장하면서, 무단 사용한 기간 동안의 부당이득을 청구하는 소송을 제기할 수 있다. 예를 들면, 종중원 명의로 사정받은 종중재산인 토지에 관하여 국가가 보존등기를 마치고 이를 도로로 사용하여 관리하여 온 경우, 종중은 보존등기말소청구와 함께 도로 사용으로 인한 상당 기간 동안의 이득에 대한 부당이득 반환 청구도 할 수 있을 것이다.

유의할 점은, 부당이득반환청구권은 10년의 지나면 소멸되므로, 청구하는 시점으로부터 10년 전까지 발생한 이득 부분에 관하여서만 청구할 수 있음이 원칙이라는 것이다. 다만 이 경우 국가가 취득시효를 주장할 가능성이 있는데 이와 관련하여서는 후술하기로 한다.

제4절 종중재산 소송의 주요 쟁점들

1. 당사자 특정 문제

지금까지는 종중재산을 둘러싼 분쟁을 소송의 종류에 따라 유형별로 보았다면, 여기에서는 각각의 분쟁에서 구체적으로 어떠한 주장과 소송상의 공격·방어가 이루어지는지를 살펴보기로 한다. 종중재산 관련 분쟁은 아직 명확한 법리로 정해지지 않은 부분이 많다. 따라서 각 사안별로 구체적 정황과 증거에 따라 다르게 판단될 수 있으므로 이러한 점에 유념하여 판단의 기초가 되는 부분과 필수적인 증거의 구비 등 준비 사항을 파악하고 있어야 한다. 법원의 판결뿐 아니라 등기 예규 및 선례 등을 모두 참조하여 권리 주장을 하여야 한다.

종중재산 소송 쟁점 중 가장 먼저 살펴볼 것은 당사자가 특정인의 후손에 해당하는지 및 상속권자인지의 여부이다. 사정인이라는 사실 자체만으로 권리 추정력이 있는 것은 사실이지만, 100년에 가까운 시간이 흐른 지금 사정인들은 모두 사망하고 그 상속인들이 권리 주장을 하는 경우가 대다수인데, 이 경우 해당 상속인들이 실제 사정인의 상속인인지가 재판의 중요한 쟁점이 되는 것이다.

구 토지대장에는 소유자의 성명만 기재되고 주소 등이 기재되지 않은 경우가 많다. 심지어는 공유자의 경우 대표 소유자 한 명의 이름만 기재되어 있고 나머지 공유자들은 이름조차 기재되어 있지 않은 경우도 빈번하다. 따라서 사정인이 토지를 원시취득함에도 불구하고, 사정인의 후손은 자신이 사정인의 후손이자 상속권자에 해당함을 증명하여야만 포괄승계로서 해당 토지의 소유권을 취득하였음이 인정되는 것이다.

우리 대법원은 사정명의인의 후손으로서 상속에 의하여 그의 소유권을 승계취득하였음을 소송상 주장하는 경우에, 그의 선대와 사정명의인의 동일성은 엄격하게 증명되어서 법관이 그에 관하여 확신을 가질 수 있어야 하고, 그 점에 관하여 의심을 제기할 만한 사정이 엿보임에도 함부로 이를 추단하여서는 안 된다고 보고 있다. 또 토지조사부에 사정받은 것으로 기재된 사람의 이름이 당사자가 내세우는 사람의 이름과 다름에도 그들을 동일인이라고 인정하기 위하여는 합리적이고 납득할 만한 근거가 제시되어야 한다고 하여 사정인의 후손이라는 입증은 엄격한 기준에 의하여야 한다는 입장이다.[62]

위 판시의 대상이었던 사례는 원고의 조부가 토지조사부에 기재된 사정명의인과 동일인인지가 쟁점이 된 사례인데, 재판부는 원고의 조부인 '최재성'과 사정명의인인 '최재성'은 한자 이름이 서로 다르므로 다른 증거가 없는 한 그들을 동일인이라고 인정하기 어렵다고 보았다.

2. 명의신탁

종중재산 관련 소송에서 가장 흔히 발생하는 분쟁은 명의신탁을 이유로 한 소유권 분쟁이다. 종중은 재산 명의인인 종중원에게 명의신탁한 사실을 주장하고, 종중원은 그 재산을 명의신탁 받은 것이 아니라 본인의 재산으로서 점유하고 관리하여 왔다고 주장하는 것이 일반적이다. 이러한 소송에서는 구체적 정황을 추단할 수 있는 증거의 구비가 매우 중요하다. 이하에서는 명의신탁과 관련한 종중 소송의 양상과 구체적 사례들을 살펴본다.

① 종중의 명의신탁의 형태

명의신탁은 부동산에 관한 사실상의 권리자가 타인과의 사이에서 '대내적으로는 실권리자가 물권을 보유하지만 그에 관한 등기는 그 타인의 명의로 하기로' 하는 약정을 일컫는다. 명의신탁은 2자 간 등기명의신탁, 계약명의신탁, 3자 간 등기명의신탁 등으로 구분되지만, 종중과 종중원 사이에서는 주로 2자 간 등기명의신탁 약정이 체결되므로 이를 중심으로 살펴보도록 한다.

부동산실명법은 실명등기 의무를 규정하고 있으므로, 일반적인 경우 명의신탁등기는 할 수 없다. 그러나 종중, 배우자, 종교단체 명의의 신탁 등기는, 그 등기가 조세 포탈이나 강제집행의 면탈 또는 법령상 제한의 회피를 목적으로 하는 것이 아니라면, 예외적으로 허용된다.

토지조사사업이 실시되던 당시에는 부동산 등기와 관련한 법리나 종중 명의의 등기를 위한 기술적 장치가 완성되어 있지 않았기 때문에, 종중의 명의로는 사정을 받을 수 없었다. 따라서 종중 내 종중원들을 대상으로 종중재산에 대한 명의신탁이 이루어졌고, 후에 부동산 등기 관련 법리가 갖추어진 후에도 정리되지 않은 재산들이 현재까지 종중원 개인의 명의로 등기된 상태로 남아 있는 것이다.

종중명의의 등기가 가능해진 현재에 이르러서도, 여전히 종중원 개인의 명의로 등기된 재산이 많다. 이러한 재산을 종중 앞으로 가져오기 위해 제기하는 소유권이전등기청구 소송의 상당수는 명의신탁의 해지를 그 원인으로 한다. 명의신탁은 종중의 일방적인 의사표시로 해지가 가능하므로, 소 제기로써 종중이 명의신탁을 해지하여 인정된다면 재산의 소유권은 종중에게 완전히 복귀하게 되고, 종중원에게는 해당 재산을 종중 앞으로 이전등기하여 줄 의무가 발생한다.

② 재산을 명의신탁한 종중의 지위

종중재산을 종중원에게 명의신탁한 종중은 종중원과의 내부적 관계에서는 실질적 권리자라고 할 수 있지만, 대외적으로도 종중이 그러한 권리를 자유롭게 주장할 수 있는 것은 아니다. 법원은 일제의 임야조사령이나 토지조사령에 의하여 사정을 받은 사람은 소유권을 원시적, 창설적으로 취득하는 것이고, 비록 종중이 그 소유였던 부동산을 종중원에게 명의를 신탁하여 사정받았더라도 우선은 그 사정명의인이 소유권을 취득하는 것이라고 한다. 즉 명의신탁자인 종중은 명의신탁 계약에 의한 신탁자의 지위에서 명의신탁을 해지하고 그 소유권이전등기를 청구할 수 있을 뿐이며, 종중이 명의신탁 계약을 해지하였더라도 그 명의로 소유권이전등기를 경료하지 않은 이상 그 소유권을 취득할 수는 없다고 하였다.[63]

다시 말하면, 명의신탁한 사실이 인정되더라도 종중은 수탁자인 종중원에게 소유권이전등기를 청구할 권리를 가질 뿐, 실제 등기가 경료되지 않은 이상 그때까지는 소유자가 아니기 때문에 명의신탁을 이유로 종중재산에 대한 소유권확인 청구 등을 할 수 없는 것이다.

③ 명의신탁 사실을 인정하기 위한 간접증거

종중이 종중원에게 재산을 명의신탁하였다는 것을 입증하기 위하여서는, 가장 먼저 명의신탁약정을 체결하였다고 주장하는 그 당시에 종중이 유기적 실체를 가지고 어느 정도의 조직성을 갖추고 있었음을 증명하여야 한다.

우리 법원은 어떤 토지가 종중의 소유인데 사정 당시 종원 또는 타인 명의로 신탁하여 사정받은 것이라고 인정하기 위하여는 사정 당시 어느 정도의 유기적 조직을 가진 종중이 존재하였을 것과 사정 이전에 그 토지가 종중의 소유로 된 과정이나 내용이 증명되거나 또는 여러 정황에 미루어 사정 이전부터 종중 소유로 인정할 수밖에 없는 많은 간접자료가 있을 때에 한하여 이를 인정할 수 있을 뿐이라고 하였다. 만약 그와 같은 자료들이 충분히 증명되지 아니하고 오히려 반대되는 사실의 자료가 많을 때에는 이를 인정할 수 없다는 입장으로서, 명의신탁 당시 종중이 유기적 조직이었을 것

을 요구하고 있다.[64]

　　명의신탁을 이유로 한 소유권이전등기청구 소송에서 쟁점이 되는 것은, 과연 종중과 종중원 사이에 실제 명의신탁계약이 체결되었는가의 여부이다. 물론 명의신탁 약정서가 가장 기본적이고 중요한 증거가 된다. 그러나 이를 테면 명의신탁으로 인한 사정을 주장하는 사안에서 1910년대 당시에 종중과 종중원 간 약정서를 작성한 경우는 거의 없을 것이고, 그마저도 오랜 시간이 지나면서 소실되었을 가능성이 높으므로, 명의신탁 약정서라든가 해당 부동산의 등기필증 등의 자료는 종중도 종중원도 소지하고 있지 않은 경우가 많다.

　　결국 오랜 세월 동안 종중이 종중원에게 해당 부동산을 명의신탁하였다고 볼 수 있는 여러 정황상의 간접증거를 제시하는 것이 중요하다. 이러한 간접증거에는 수십 년간 세금을 납부한 기록, 위토대장에 해당 부동산이 등재된 사실, 해당 위토에 종중원의 분묘가 있다든가 석물, 비석 등을 설치하고 관리하여 왔다는 자료, 종중 임원 등이 지속적으로 토지를 관리하였거나 개발비를 지급해 온 정황, 임대를 하여 임대료를 지속적으로 지급받아왔다거나 이용자로부터 종산 이용료를 납부 받은 기록들이 해당될 수 있을 것이다.

　　우리 대법원은 종중소유의 토지가 토지 사정 당시 종중원 또는 타인 명의로 신탁하여 사정받은 것이라고 인정하기 위한 간접증거에 관하여, '사정명의인과 종중과의 관계, 사정명의인이 여러 사람인 경우에는 그들 상호간의 관계·한 사람인 경우에는 그 한 사람 명의로 사정받게 된 연유, 종중소유의 다른 토지가 있는 경우에는 그에 대한 사정 또는 등기관계, 사정된 토지의 규모 및 시조를 중심으로 한 종중 분묘의 설치 상태, 분묘수호와 봉제사의 실태, 토지의 관리 상태, 토지에 대한 수익이나 보상금의 수령 및 지출관계, 제세공과금의 납부 관계, 등기필증의 소지 관계, 그 밖의 모든 사정'을 종합적으로 검토하여야 한다고 하였다.[65]

　　한편, 종중의 명의신탁 주장에 대하여, 피고인 종중원이 이를 부인하며 사정 이전의 해당 부동산 취득 경위가 따로 존재한다고 주장하였으나 이를 입증하지 못하였다 하더라도, 바로 종중의 명의신탁 사실이 인정되는 것은 아니라고 본 사례도 존재한다.[66]

④ 종중의 명의신탁 사실을 인정한 사례들

이하에서는 여러 가지 간접 증거와 정황을 종합하였을 때 종중재산의 명의신탁 사실이 인정된 실제 사례들을 살펴보기로 한다.

> a. 이 사안에서 원고 종중은 조상의 분묘에서 시제를 지내왔고, 종중총회를 개최하여 종중규약 제정 및 임원을 선출하였다. 또한 토지를 매수하여 종중재산으로 관리하는 활동을 하여 왔고, 공동 선조의 자손 중 각 가계의 동항렬자 중 사정 당시의 생존 최연장자들이 서로 8촌간인데 공동으로 부동산을 사정받은 사실이 인정되었다. 해당 부동산에서는 사정명의자들의 직계 후손들과 그 배우자들의 분묘가 설치되어 있고, 그 외에 다른 종중원들의 분묘가 상당수 설치되어 있는 것이 간접자료로 입증되었다.

법원은 위 간접자료들을 종합하여 보았을 때, 이 사건 임야가 원고의 소유라고 인정할 만한 많은 간접자료가 있고, 그 인정에 방해가 될 만한 반대사실의 자료는 위에서 본 바와 같이 단지 원고가 이 사건 임야에 관한 보존등기가 경료된 것도 알지 못한 채 방치하는 등 '이 사건 임야를 종중재산으로서 관리하는 것을 소홀히 하였다'는 정도이므로, 이러한 경우 특별한 사정이 없는 한 이 사건 임야가 토지 사정 당시 원고 종중이 취득하여 종중원 중 각 가계의 대표자로 선정된 종중원들에게 명의를 신탁하여 사정을 받은 것으로 볼 여지가 많다고 보았다.[67]

> b. 조부의 명의로 사정되고 부친 명의로 소유권보존등기된 임야에 관한 사안에서, 장남이 개인 명의로 등기하지 않고 종중원 대표자들과의 공동명의로 등기한 취지는 이 임야가 종중의 소유임을 인정하거나 이를 종중에게 증여하였다고 봄이 우리의 전통적 사고방식에 부합하다고 보았다. 종원이 임야에 대하여 지출한 개발비를 종중이 종중원

에게 지급하여 주고 종중이 임야에 대한 재산세를 납부하기 시작한 후부터는 종중원이 재산세를 납부한 사실이 없으며, 종중이 도지를 납부받는 데 대하여 아무런 이의제기가 없었던 사정 등에 비추어 이 사건 임야가 종중소유로서 종중원에게 명의신탁된 것으로 볼 수 있다고 보았다.[68]

c. 임야에 관한 소유권보존등기가 경료될 당시 종중은 규약조차 없었고, 대표자 이외에는 별다른 임원도 없었으며, 더구나 종중재산의 관리나 처분에 관하여 의사를 최종적으로 결정할 수 있는 기회인 '시제'가 수년째 열리지 않고 있던 사안이다. 이 때 종중의 대표자가 임야에 관하여 「임야 소유권이전등기 등에 관한 특별조치법」에 따라 소유권보존등기를 경료하면서 종중으로부터 임야를 명의수탁 받아 임야대장상 소유자로 등재되어 있는 종중원들의 후손 중에서 각 1인을 선정하여 그들의 명의로 소유권보존등기를 경료한 경우, 이는 객관적으로 종중의 대표자가 명의수탁자를 변경하여 새로운 명의신탁 관계를 설정한 것으로 보이므로 그와 달리 후손들의 개인 재산으로 등기한 것이라고 인정하기 위해서는 그 당시에 그와 같이 볼 만한 특별한 사정이 있었다고 인정되어야 한다고 보았다.

d. 이 사안에서는 원고 소문중이 어떤 임야에 대하여 1951년 및 1952년의 임야세를 납부하였고, 1947년 벌목대금을 수입으로 받았으며, 그 임야를 관리하기 위하여 산수계에 가입한 다음 1950년에서 1952년까지의 산수계비용을 납부한 사실 등이 모두 원고 소문중의 취리부에 기재되어 있었다. 또한 취리부에는 이 사건 임야 외에도 문중원 개인 명의로 소유권이전등기가 되어 있던 논밭에 대한 세금을 원고 소문중의 돈으로 납부한 사실도 기재되어 있으며, 그러한 논밭은 모두 원고 소문중의 소유로서 그 명의가 신탁된 것임을 알 수 있었다.

또한 이 사건 임야의 매수 당시 이미 시조 둘째 부인의 묘가 설치되어 있다는 사정, 종중원 피고들이 이 사건 임야의 지분 중 40퍼센트만 주면 원고 소문중의 소유로 인정하여 주겠다면서 합의를 제안한 사실 등도 인정되었으며, 게다가 이 사건 임야의 사정 무렵에 종중원이 다른 임야들도 사정받았음에도 불구하고 유독 이 사건 임야에 대하여만 원고 소문중이 세금을 납부하고 산수계비용을 지급하는 등 관리를 해 왔다는 점 역시 이 사건 임야가 원고 소문중의 소유라는 점을 뒷받침하는 것이라고 인정되었다.

대법원은 원고 소문중의 취리부에 원고 소문중의 돈으로 세금을 납부한 것으로 기재된 다른 문중원 개인 명의의 부동산이 모두 원고 소문중의 소유로 드러난 정황으로 볼 때, 원고 소문중이 이 사건 임야의 세금을 납부하고, 벌목대금을 수입으로 받고, 산수계에 가입하여 비용까지 납부한 사실 등은 이 사건 임야가 명의신탁되었다는 원고의 주장사실에 부합하는 유력하고 결정적인 간접사실이 된다고 보아, 이 사건 임야도 원고 소문중의 소유라고 보는 것이 경험칙에 합당하다고 본 것이다.[69]

3. 취득시효

취득시효는 당해 부동산을 오랫동안 계속하여 점유한다는 사실상태를 일정한 경우에 권리관계로 높여주는 법적 장치라고 할 수 있다.[70] 종중도 당연히 취득시효 완성의 주체가 될 수 있다.[71] 앞서 살펴본 명의신탁의 해지로 인한 소유권 취득 주장은 종중에서 종중원을 대상으로 제기하는 주장인 반면, 취득시효로 인한 소유권 취득의 주장은 종중 측에서도 할 수 있고 종중원 측에서도 주장할 수 있다. 말소등기청구나 이전등기청구 소송에서 종중과 개인 양측에서 자주 주장하는 사항이므로, 종중재산 분쟁에 있어 유념해야 할 쟁점 중 하나이다.

점유시효취득을 주장하는 종중으로서는 그 무효인 보존등기의 명의인이 아닌 진정한 소유자인 사정인이나 그의 상속인 등을 상대로 이전등기청구권을 행사하여야 한다.[72] 이 경우 종중은 진정한 소유자를 대위하여 무효인 보존등기의 말소를 먼저 청구한 다음, 취득시효 완성을 이유로 한 소유

권이전등기를 청구하여 종중 앞으로 등기를 가져올 수 있을 것이다.[73]

그런데 진정한 소유자를 찾는 것이 어려운 경우가 있다. 이 경우 시효취득자는 예외적으로 진정한 소유자가 아닌 그 무효인 보존등기 명의인을 대상으로 이전등기를 청구할 수 있다. 법원은 어떤 토지가 누구에게인가 사정된 것은 분명하되 현존하는 토지조사부로는 사정명의인을 도저히 확인할 수 없게 되었고 지적원도 기타 지적공부를 가지고도 원고가 사정명의인 또는 그의 상속인을 찾을 수 없어 취득시효 완성을 원인으로 하는 소유권이전등기에 의하여 소유권을 취득하는 것이 사실상 불가능하게 된 사안에서, 취득시효 완성 당시 진정한 소유자는 아니지만 소유권보존등기명의를 가지고 있는 피고에 대하여 직접 취득시효완성을 원인으로 하는 소유권이전등기를 청구할 수 있다고 보았다.[74]

종중이 점유취득시효를 완성한 것이 인정되더라도, 종중이 곧바로 해당 부동산에 대한 소유권을 취득하는 것은 아니다. 종중은 취득시효 완성 시점의 소유자를 대상으로 소유권이전등기를 청구할 수 있는 채권적 권리를 취득하는 것에 불과하다.[75] 따라서 종중이 자신이 점유취득시효를 완성하였다는 것을 이유로 하여 소유자나 국가를 상대로 소유권확인청구를 한다거나,[76] 물권적 청구권에 기한 방해배제 청구 등을 할 수는 없다. 이는 명의신탁해지로 인한 소유권 취득을 주장할 때와 유사하다. 등기하지 않는 이상 이전등기 청구권을 가진다는 사실만으로는 소유자의 권리를 행사할 수 없다.

설령 해당 부동산이 미등기이더라도 점유시효취득자가 바로 소유권을 취득하는 것이 아니다.[77] 미등기 부동산에 관하여 점유취득시효 완성을 이유로 소유권이전등기 소송에서 승소한 종중은, 먼저 소유자를 대위하여 보존등기를 마친 이후, 승소한 확정 판결에 근거하여 종중 앞으로 이전등기절차를 이행해야 할 것이다.

취득시효 완성이 인정되어 등기까지 마쳤다면 점유자는 비로소 소유권자가 되고 이때 점유자는 소유권을 원시취득하게 된다. 즉 그 부동산에 가해진 각종 제한에 영향을 받지 않고 하자 없는 완전한 내용의 소유권을 취득하게 된다.

종중재산에 대하여 명의신탁 해지로 인한 이전등기청구권을 행사하는 종중이, 동시에 취득시효를 이유로 이전등기청구를 하는 것도 가능한가에 대해 대법원은 시효취득의 목적물은 타인의 부동산임을 요하지 않고 자기 소유의 부동산이라도 시효취득의 목적물이 될 수 있다고 하여, 가능하다는 입장이다.[78]

즉 종중재산의 명의신탁자인 종중이 종중재산을 점유하는 것은 '대내적으로는 자기 소유'이지만, '대외적으로는 종중원인 타인의 소유'라고 할 수 있고, 이러한 상태에서의 종중의 부동산 점유 역시 점유취득시효의 기초로서의 점유로 인정될 수 있다는 것이다. 따라서 주위적으로 명의신탁 해지로 인한 이전등기청구를 하면서 예비적으로는 점유취득시효를 이유로 한 이전등기청구를 하는 것도 가능하다.

등기부취득시효는 점유취득시효와는 다르게, 명의신탁자인 종중이 주장하는 것이 허용되지 않는다. 종중이 등기부 취득시효를 주장하면서 동시에 명의신탁 사실을 주장하고 있는 경우 등기부상 명의는 종중원으로 되어 있을 것인데, 이와 같은 수탁자 명의의 등기를 신탁자인 종중의 등기로 볼 수 없을 뿐만 아니라, 수탁자의 등기를 통하여 신탁자가 그 등기명의를 보유하고 있다고 할 수도 없으므로 종중에게는 등기부취득시효가 인정될 여지가 없기 때문이다.[79]

제6장

종중재산의 관리와 종중의 미래

宗中財産의 管理 및 運用

종중재산의 관리와
종중의 미래

宗中財産의 管理 및 運用

제1절 제4차 산업혁명 시대와 종중의 미래

1. 제4차 산업혁명 시대의 도래와 종중

우리는 제4차 산업혁명이라고 불리는 급변의 시대를 살고 있다. 제4차 산업혁명 시대는 과거와 비교하기 어려울 만큼 정교하게 연결된 초연결성을 주된 특징으로 한다. 오늘날 컴퓨터는 스스로 학습하는 수준까지 발전했는데, 과학자들은 인간의 수준까지 사고하는 강한 AI시대가 멀지 않은 시기에 도래할 것이라고 예상하고 있다. 이러한 제4차 산업혁명시대로의 변화는 단순히 과학기술의 발전에 그치는 것이 아니라, 사회문화적으로 혁명에 가까운 변화를 가져오고 있다.

제4차 산업혁명 시대는 초연결성을 특징으로 하지만, 역설적이게도 사람들은 지금보다 훨씬 더 개별화 내지 파편화되어 가고 있다. 사람들은 관계를 중시하지만, 관계를 대체할 수 있는 다양한 매체의 등장으로 깊은 관계형성을 오히려 부담스럽게 생각한다. 자신의 인생과 행복, 자율성 등을 최우선적 가치로 삼게 되면서 전통적인 가치들은 자신의 삶을 방해하는 귀찮은 의무라고만 여기는 것이다. 전통적인 가족의 가치마저 붕괴되고 있는 요즈음, 혈연을 근간으로 하는 종중이 제 역할을 찾기 바라는 것은 어떻게 보면 어불성설일 수 있다.

이처럼 종중은 외부의 사회문화적 급변에 흔들리고 있을 뿐 아니라, 내부적으로는 종중원들의 무관심으로 사실상 급격하게 붕괴되고 있다. 이러한 시대적 상황에 직면한 종중은 어떻게 해야 그 정체성을 유지하면서 미래세대와 호흡을 함께 할 수 있을 것인가. 이를 위해서는 종중의 고유한 모습인 제사공동체적 전통수호만으로는 부족하다고 본다. 제사공동체적 전통이 선조를 기념하고 혈족 간 친목을 지향한다는 점에서는 긍정적이지만, 개인중심적 삶이 보편화된 현재에 있어서 보편적인 가치질서를 공유하고자 하는 가치공동체로서의 변화모색이 필요하다.

과거 종중은 조선 후기로 넘어오면서 혈족 중심의 폐쇄적 집단으로 변모하였음을 부정하기 어렵다. 즉 종중은 그 본질에서 벗어나 가문의 영광이라는 다소 변질된 지향점을 두고 집안 간 경쟁의 통로로 이용되었다. 하지만 우리가 잘 알고 있는 것처럼 유교는 본래 조상의 음덕을 기리고 형제간 우애를 도모하며, 나아가 공동체를 이루는 구성원들로까지 그 도덕적 실천을 확대하는 동심원적 인의 실천을 주된 가치질서로 본다. 소아적小我的으로 내 집안과 내 문중의 발전만을 모색하는 것은 그야말로 반유교적 집단의식에 불과한 것이다. 제사공동체로서의 종중이 영향력을 잃게 된 데에는 종중이 더 이상 자신의 삶에서 실질적 이익을 줄 만한 힘이 없음을 확인한 구성원들의 얄팍함이 작용한 측면이 크다. 양반들이 인의 실천이라는 보편적 가치 실행에 집중했더라면 종중은 지금도 건재했을 것이며, 어쩌면 조선이라는 나라 역시 위대한 입헌군주국으로 남아있을지도 모른다.

역사적으로 보편성을 지향한 종교와 집단은 부침이 있기는 하지만, 그 어떠한 형태로든 명맥을 이어간다. 기독교나 불교가 그러하고 유럽에서 로마의 전통이 그러하다. 또한 인의예지를 핵심가치로 삼는 유교가 젊은 층의 무관심에도 대안적 가치체계로 인정받는 것은 보편성을 놓치지 않았기 때문이다.

우리는 유교적 가치를 지향하고 실천해야 할 종중이 어느 순간부터 폐쇄적인 이기성을 드러내면서 비판의 대상이 된 것을 가슴 깊이 새겨야 한다. '뿌리찾기'가 정체성의 주된 사회적 기호임은 분명하지만, 더 이상 구별 짓기의 기준이 되어서는 곤란하다.

2. 전통가치의 발전적 계승

앞에서 언급한 것처럼 종중은 유교적 가치를 실현하기 위해 탄생한 혈연공동체로서, 조선사회를 지탱하는 근간이었다. 유교철학은 다른 어느 철학보다 사람을 중시하는 관점을 지니고 있다. 물론 중국의 춘추전국시대를 탄생배경으로 하는 유교의 탄생 이후 상당한 기간 동안 기득권 중심적이고, 계급적이며, 수직적인 성격을 지녔다는 점을 부정할 수 없다.

과거 유교가 이상적인 삶으로 여겼던 군자의 삶은 일반 평민이나 천민 계층에게 적용되는 관념이 아니었다. 유교가 춘추전국시대라는 난세를 타개하기 위한 질서 중심의 철학으로서 사회 안정화에 기여한 측면은 분명 존재하지만, 자유와 평등의 철학으로 무장한 서구와의 경쟁에서 일시적이나마 패배한 이유는 바로 여기에 있다.

하지만 다행스럽게도 유교가 보편적 평등 철학을 만나게 되면서 유교는 새롭게 발전할 수 있는 기회를 가지게 되었다. 유교는 더 이상 신분과 성별 등 차별의 이유가 될 수 없는 요소들을 가지고 구별 짓기를 하기보다는 함께 어우러져 서로 존중하고, 인을 실천하는 보편적 가치체계로 거듭나고 있다. 자본주의라는 비인간적인 경제체제가 득세하고, 인간이 자본의 노

예가 되는 참담한 현실이 일상화되면서 사람들은 사람이 중심이 되는 휴머니즘을 다시 찾고 있다.

이러한 현상은 종중에게도 합리적 해결책이 무엇인지 시사하는 바가 크다. 잘 알고 있는 것처럼 자본주의는 모든 문제를 개인화하고 경제적 이익을 최상의 가치로 간주한다. 만약 종중이 단순하게 부모를 공경하고 혈족 간 친목을 도모하는 데에 그치는 것이 아니라, 이웃과 사회 등 공동체적 이익 추구와 보편적 윤리의 실천으로까지 지경을 넓혀간다면 종중의 부활은 다시 기대해볼 만하다. 혈연이라는 좁은 시각에서 벗어나지 못하고 우리라는 가치를 놓치는 순간 종중의 지속은 기대하기 어렵다. 미래 종중의 모습이 종중재산만을 가진 껍데기라면 종중은 존재감 없는 역사적 유물로만 기억되어도 변명의 여지가 없다.

3. 미디어를 활용한 미래세대와의 소통

종중은 인적 결합을 근간으로 한 혈연공동체로서, 필연적으로 후세와의 연결을 수반한다. 문제는 더 이상 젊은 세대들이 종중에 대한 최소한의 관심조차 가지고 있지 않다는 점이다. 젊은 세대 사이에서 종중에 대한 무관심이 일반적 현상이 된 원인을 생각해보면, 교육의 부재나 개인적 삶을 중시하는 가치관 등을 들 수 있다. 하지만 기성세대가 젊은 세대에게 전통적인 윤리관을 강조만 할 뿐 젊은 세대와의 소통을 통해 자연스럽게 젊은 세대를 포용하지 못한 것 또한 주된 원인이라고 할 수 있다.

소통은 기본적으로 다름을 인정하는 상호존중적 자세를 요구한다. 지향하는 보편적인 가치가 동일하다면, 설령 접근 방식과 실천 방식이 상이하더라도 접점도출이 가능하다. 즉 문제는 다름이 아니라 포용하지 못하는 고집과 아집이다. 이는 종중 어르신들의 가치관이 틀렸다는 것을 의미하는 것이 아니라, 인식과 태도의 문제에 속한다.

소통의 중요성을 인지하는 것과는 별개로 적절한 소통방식을 사용하는 것 또한 매우 중요한 문제이다. 어르신 세대와 미래세대는 각각 경제적·기술적 토대가 다른 사회환경을 경험한 세대로서 세대 간의 차이가 엄연히 존재한다. 그래서 감성적인 코드를 중시하는 젊은 세대와의 소통은 어르신들에게 마치 어려운 숙제와도 같다. 어르신들이 뉴미디어 활용능력을 배양하는 것도 좋은 방법이지만, 이 또한 쉬운 일이 아니다. 따라서 젊은이들이 최소한 SNS 등 자발적인 활동이 가능하도록 종중차원에서 적극적으로 온라인상 종중네트워크를 구축하는 작업을 해야 할 것이다.

소통을 하고자 하는 노력은 어르신들만이 아니라 젊은 세대도 마땅히 해야 한다. 어르신들과의 소통 중에 어르신들의 표현방식이 일방적이거나 괴리감이 들 정도로 인식의 차이를 느끼더라도 겸손하게 경청하는 자세가 필요하다. 이는 세대 간의 소통문제뿐만 아니라 오늘날 대부분의 사회구성원들이 인식하는 소통부재의 문제에 속한다. 나의 정체성과 뿌리를 소중히 여기는 젊은 세대라면 마땅히 소통에 참여하고 미래지향적인 종중의 변화와 발전에 참여해야 할 것이다.

4. 문화콘텐츠를 통한 미래세대와의 만남

젊은 세대의 종중참여를 확대하기 위해서는 젊은이들을 유인할 수 있는 문화콘텐츠가 필요하다. 종중의 대표적인 행사로는 시제나 총회, 종중 어르신 효도여행 등이 있는데, 이들 행사는 젊은 층의 참여를 유도하는 유인책으로는 매우 미흡하다. 선조를 모시는 일과 회의 등이 재미를 목적으로 하는 것은 아니지만, 의무감이 앞서는 행사이기에 젊은 세대의 참여도가 저조할 수밖에 없다.

이미 다른 대부분의 분야에서는 외연 확대와 자발적 참여유도를 목적으로 문화를 적극 활용하고 있고, 그 중요성은 앞으로 더욱 커지게 될 것이다. 그렇다면 유교의 이념을 기반으로 한 종중 역시 이제는 좀 더 적극적으로 보편적 가치와 역사적 스토리, 그리고 현대적 감각으로 문화콘텐츠 개발에 역량을 모아야 한다고 본다.

유교는 절대 고루하고 정치적 지배를 위한 과거의 철학이 아니다. 얼마든지 흥미롭고 재미있는 문화상품을 기획해 젊은 층의 참여를 확대할 수 있다. 또한 공연이나 캠핑, 지역별 종중원 간 교류프로그램, 체육대회 등등 풍부한 참여의 장을 연구해 종중공동체를 재미있고 의미 있는 장으로 만드는 것도 필요하다.

다만 문화콘텐츠를 연구하고 기획하는 작업은 개개 종중의 역량만으로는 한계가 있다. 따라서 유교와 종중의 문화진흥을 위해서는 성균관 등 전통문화를 지키고 계승하는 사회 제단체의 연대, 종중 간 협력 체계 구축 등이 선행되어야 한다. TF를 만들어 함께 문제의식을 공유하고 현대적 감각이 넘치는 아이디어를 모아 매력적인 문화콘텐츠로 승화시킨다면 종중은 더 이상 과거의 유물로만 치부되지는 않을 것이다. 종국에는 젊은 종중원들의 참여가 연대와 협력을 통해 종중문제를 고민하는 발전적 형태로 이어질 것이라고 확신한다.

제2절   종중 내부의 자율적 관리와 그 한계

1. 종중운영상 특징

종중운영과 관련된 주요 쟁점은 크게 의사결정구조의 비효율성과 밀행성, 종중재산의 비합리적 운용 등을 들 수 있다. 자연발생설에 따르면 우리 국민 모두는 자기의사와 상관없이 중층적으로 종중의 일원으로 간주된다. 논리를 확장하면 대부분의 종중의 경우 종중원이 적게는 수백 명부터 많게는 몇 백만 명까지 그 수를 가늠할 수 없을 만큼의 규모가 된다. 이러한 종중의 구조적 특성 때문에 종중원들이 한자리에 모여 의사결정을 하는 것은 매우 어렵고, 사실상 종중운영은 종사에 관심 있는 소수의 종중원들과 종중 임원들에 의해 좌우된다.

　보통 종중이 임시총회를 개최하기 위해서는 임시총회일 7일 전까지는 종중원들에게 총회 개최 사실과 목적사항이 통지되어야 하는데, 통지자체가 제대로 이루어지지 않는 경우가 많고 통지비용도 만만치 않게 소요된다. 그러다 보니 종사와 관련한 의사결정은 종권을 잡은 소수의 임원진이 중심이 되어 이루어지게 되는 것이다. 이처럼 소수 중심으로 종사의 의사결정이 이루어지다 보니 의사결정의 공정성과 객관성을 담보하기란 매우 어렵다.

　정기총회는 별도의 통지가 필요 없는 시제일에 개최되는데, 임시총회와 마찬가지로 통지 문제를 제외하고는 의사결정이 투명하지 않게 이루어지는 점은 동일하다. 이러한 의사결정구조상 문제는 많은 경우 종중재산의 분쟁으로 이어지기 마련이다. 종중재산 처분이나 종중명의의 소송수행은 원칙적으로 총회의 결의를 거쳐 행해지는데, 의사결정의 절차적 적법성을 확보하지 못한 상태에서 의사결정을 하다보면 종중 내부의 분쟁이 발생하기 마련이다. 이는 종중 토지를 매수한 매수인 측의 지위까지 불안하게 만들고 거래계의 법적 안정성까지 위협한다. 이처럼 종중운영은 더 이상 개별 종중만의 문제로만 볼 수 없기에 합리적 대안 마련이 시급하다.

2. 종중자율권과 종중분쟁

　종중은 다른 사회의 임의단체와는 다르게 자연적으로 발생한 혈연공동체이다. 자연발생적 혈연공동체인 종중은 같은 성씨를 쓰는 구성원들이 선조제사를 모시고 혈족 간 친목을 목적으로 하기 때문에 외부에서 개입할 여지가 없는 것이 원칙이다. 대부분의 사회단체들이 그러하듯이 종중도 자율적인 운영을 핵심으로 하지만, 아쉽게도 많은 종중들이 보여주는 현재의 모습은 사실상 자율적인 문제해결은 기대하기 어려운 경우가 많다. 소송에 의한 종중의 문제 해결이 정답이라면 이를 종중이라고 부를 수 있을지 의문이다.

　종중 내 종중원들의 혈연의식과 공동체 의식, 도덕의식이 결여되어 감에 따라 종중은 어느새 종중재산을 중심으로 하는 이익단체로 규정되는 것이 적절한 것이 아닌가 할 정도로 와해현상이 심각하다. 종중원과 종중의 분쟁, 종중 임원의 전횡 등 과거라면 있을 수 없는 일들이 종중 내부에서 발생하고 있다. 과거라면 종중의 어르신들과 종손의 권위에 의해 제어가 가능했겠지만, 이제는 누구도 자신의 권리를 최우선으로 할 뿐 자신의 이익을 쉽게 내려놓지 않는다.

결국 종중 내 갈등과 분쟁은 소송전으로 비화하기 마련인데, 적어도 소송보다는 사전에 합리적인 규범체계 아래에서 종중운영이 가능하다고 법적 장치를 만드는 것이 바람직하다고 본다. 종중 내부의 자율성이 관습에만 맡겨지는 것이 아니라, 현대적 형태의 법적 장치에 의해 지원받는다면 지금 벌어지고 있는 종중 내 분쟁이 그나마 최소화되지 않을까 한다. 이는 비단 종중 내부의 운영의 합리화만을 위한 것이 아니라, 종중과 연결된 사회의 법적 질서 안정화에도 도움이 된다.

3. 종중법인화의 필요성

종중과 관련된 법제도 정비 작업 중 종중법인화 문제는 매우 중요한 의미를 갖는다. 현재는 주지하다시피 종중은 대법원 입장에 따라 비법인사단으로 규정된다. 그러나 판례입장이 이러하다고 해서 종중의 법적 성격에 대한 논의가 종결된 것은 아니다. 과거 종중의 법적 성격을 규정함에 있어서 학설은 '사단법인이라는 견해', '재단법인이라는 견해', '사단법인적 성격과 재단법인적 성격의 겸병설' 등이 있어 왔는데, 이는 종중의 인적 결합적 성격과 종중재산이라는 물적 기반을 어떻게 해석하느냐에 따라 다른 해석이 가능하다. 좀 더 면밀한 연구가 필요하다고 하겠다.

다만, 어떤 형태로든 종중이 법제도 내로 편입된다면 법인의 형태로 규율되게 되는데, 이는 구성과 운영원칙, 의사결정구조, 감독기관 등에 있어서 표준적인 기준 마련을 의미한다. 이렇게 되면 적어도 폐쇄적이고 자의적인 종중운영은 줄어들 것으로 예상된다. 물론 법제도의 정비만으로 모든 종중 문제가 한꺼번에 해결되는 것은 아니다. 우리는 사회적 협동조합의 사례에서 보듯이 법으로 제도가 잘 정비되어 있더라도, 운영하는 주체들이 부패하면 본래의 취지가 무력화됨을 자주 경험했다. 법제도로의 편입은 어디까지나 합리적인 최소한의 기준설정에 불과함을 놓쳐서는 안 된다.

법제도의 편입이 이러한 한계를 지니고 있다고 해도 종중법인화는 필요하다. 합리성을 우선시하는 시대의 변화양상과 종중의 운영상 한계상황은 종중 법인화에 대한 당위성을 복합적으로 긍정한다. 종중운영에 있어서 관습도 중요하지만, 불명확한 관습적 접근보다는 모두가 납득하고 수용할 수 있는 합리적인 기준 마련이 절실하다. 아울러 종중은 이미 자율적으로 종중의 문제를 해결하기에는 그 영향력이 갈수록 약화되고 있다. 종중의 지속과 발전을 꾀하기 위해서는 법제도로의 편입과 국가적 차원의 지원이 동반되어야 한다.

4. 종중친화적 법제도 정비

이미 제3장 제4절에서 정리한 대로 현재 종중문제와 연관된 현행법들을 보면 종중의 현실을 제대로 담아낸 경우는 전무하다고 해도 과언이 아니다.

예를 들어 종중은 농지에 대한 소유자로서 등기를 할 수 없다. 즉 위토대장의 존재와 같은 몇몇의 예외적인 경우에 해당하지 않으면 종중은 종중토지가 분명함에도 헌법상 경자유전의 원칙을 반영한 농지법상 규정에 따라 등기능력을 가지지 못하는 것이다. 이러한 이유로 종중은 종중소유가 분명한 전답을 명의신탁 방식으로 농지경작 자격을 지닌 종중원 명의로 해두는데, 분쟁의 소지가 많음은 누구든 예상가능하다. 또한 전답에 대한 종중의 등기능력을 인정하는 것이 경자유전의 원칙에 정면으로 반하는 것이라고 볼 수 있는지도 의문이다. 종중은 전답의 실질 소유자로서 세제의 부담까지 지면서 재산권은 행사하지 못하고, 종중원과의 분쟁까지 겪는 등 삼중

고를 겪고 있다.

게다가 종중은 비영리단체임에도 세법상 어떠한 배려도 받지 못하고 있다. 종중은 선조로부터 위토 등의 형태로 토지소유권을 승계해 왔는데, 현대에 이르러 종중은 물려받은 종중토지 중 경제적으로 활용이 어려운 토지라도 세금을 부담한다. 종중의 토지가 수익을 낼 수 있는 토지라면 당연히 세금을 부담하는 것은 당연하지만, 경제적 가치를 내지 못하는 토지까지 꼬박꼬박 세금을 징수하는 것은 이치에서 벗어난다. 왜냐하면 종중의 재산이 없는 종중의 경우 처음에는 종중원들이 종중토지의 보유세를 부담하다가 결국에는 세 부담을 이기지 못하고 체납하기 마련인데, 이렇게 되면 결국 종중토지는 압류절차를 거쳐 국가소유가 되기 때문이다. 국가가 비영리단체인 종중의 비수익토지에 대하여까지 엄격하게 세금부과를 하여야 하는지 의구심이 든다.

사실 종중은 일제시대 이후 제대로 된 대접을 받지 못했다. 우리 사회가 전통과 뿌리에 대한 중요성을 제대로 인식하는 사회라면 과연 종중문제를 일제시대의 태도를 답습한 대법원 판례에만 의존하게 하지는 않았을 것이다. 돌아보고 반성해야 할 문제이다. 합리적인 이유가 있음에도 방치하는 것은 역사 앞에 죄를 짓는 것과 다름이 없다.

제3절 자본과 전통의 상호호혜적 결합

1. 자본주의 사회와 종중

자본주의는 생단수단의 사적 소유를 인정하는 경제체계로서 화폐경제, 효율성을 핵심 요소로 하면서, 개별 경제주체들의 합리적 선택을 기반으로 한다. 이에 더해 자본주의는 이윤극대화를 최고의 덕목으로 삼기 때문에 이윤을 내지 못하는 경영자와 부가가치를 창출해내지 못하는 사회구성원은 무능력한 존재로 평가된다. 이러한 자본주의적 관점은 공동체적 가치를 지향했던 농경사회와는 정반대적 위치에 있으며, 이는 종중의 성격과도 배치된다.

자본주의가 발전하여 제4차 산업혁명과 결합하면서 사회구성원과 종중의 분리현상은 가속화되고 있으나, 종중의 미래를 마냥 부정적으로 평가하는 것은 이르다고 판단된다. 자본주의를 기반으로 하는 현대 다원주의 사회는 상대화된 인식체계를 기본으로 하므로, 보편주의적 가치체계는 새롭게 조명될 수밖에 없고 종중역할 재정립의 가능성을 열어주고 있다.

알다시피 자본주의는 인간성 파괴와 물신주의라는 치명적 문제점을 우리에게 던져주었다. 반휴머니즘적 세태는 인간중심 내지 공동체 중심의 가치관의 중요성을 일깨워준다. 비록 우리는 대안이 없는 이상 자본주의 경제체제로부터 자유로울 수 없으나, 휴머니즘이라는 보편적 가치에 대한 목마름은 쉽게 해결되지 못한다. 우리사회에서 이러한 역할은 종교나 유교적 가치를 지향하는 종중만이 해낼 수 있는 부분이라고 확신한다. 자본주의가 종중에 큰 위기로 작용하기는 했지만, 역설적으로 자본주의는 종중이 나아가야 할 미래의 모습에 대해 고민할 수 있는 기회도 동시에 주었다.

2. 종중재산의 합리적 운용과 미래세대 육성

종중의 구성요소에는 종중원 간 인적 결합과 종중재산이 있다. 과거 종중은 제사공동체로서 인적 결합이 강하였는데, 종중재산이라는 물적 기반이 있었기에 인적 결합 역시 용이하게 유지·발전할 수 있었다. 농경사회에서의 종중재산도 이 정도 역할을 했다면 자본주의 사회인 현대에 있어서 종중재산은 더욱 중요한 의미를 지닌다. 즉 종중재산은 하나의 플랫폼으로서 세대를 뛰어넘는 가교의 역할을 해낼 수 있다. 여기에 보편적 가치질서를 지향하는 가치공동체로서의 종중이 미래세대와의 소통에 매진하고 종중고유의 문화적 콘텐츠로 무장한다면 종중의 미래는 그리 어둡지 않다.

자본주의 사회에서 자본은 생각보다 중요하고 많은 일을 할 수 있는 원동력이 된다. 비인간화된 자본의 행태는 경계하되 자본이 인간을 위한 방향으로 작동하도록 한다면 자본만큼 유용한 도구도 없는 것이다. 종중재산의 경우 그 성격이 총유로 해석되기 때문에 사실 개인의 소유가 아니고 종중전체의 재산으로만 운용되어야 한다. 그러다보니 종중원들이 개인적 이익에만 집중하다보면 종중재산의 관리 및 운용은 어렵게 된다. 설령 종중이 종중재산을 운용하더라도 위험을 취소화하면서 지극히 방어적이면서도 보수적으로만 접근한다. 아무리 종중재산이 종중전체의 재산으로서 안정성을 중시해야 하는 측면이 있기는 하지만, 사실상 수익을 내지 못하고 현상유지에만 급급한 형태로 종중재산을 운영하는 것은 분명 문제가 있다.

만약 종중이 공익법인 수준으로 종중재산을 관리·운용하고, 운용 결과 발생한 이익을 종중원 전체의 복리와 미래세대의 육성에 사용한다면 종중재산의 합리적 운용은 장려해야 할 일이다. 성경의 달란트 비유처럼 땅에 묻어둔 재산은 결코 살아있는 종중재산으로 보기 어렵고, 종중에게 부담으로만 작용한다. 자본주의 시대를 사는 현대인들답게 본질에서 벗어나지 않는 합리적 영악함을 발휘해야 할 지혜가 요구된다.

3. 토지에서 자본으로

고전경제학은 토지, 자본, 노동력을 3대 생산수단이라고 한다. 역사적으로 토지는 세력 간 권력투쟁과 국가 간 전쟁의 최종목적이 될 만큼 주요한 부의 원천이다. 더욱이 농경사회에서의 토지란 생존과 직결되는 생산수단이자 삶의 터전이기에 그 중요성은 상세한 설명을 요하지 않는다.

지금도 토지는 부의 축적과 재생산을 위한 중요투자대상임에는 분명하다. 오늘날 한국사회에서는 재벌부터 시골촌부까지 제각각 다른 이유에서 토지에 대한 욕망을 여과 없이 드러낸다. 하지만 모든 경제주체들의 욕망의 대상인 토지는 치명적인 약점을 지니고 있다. 즉 다른 어떤 투자대상보다

현물성이 강하고 장기수익이 최고임은 분명하지만, 환금성 측면에서는 치명적 약점을 지닌다. 게다가 사회경제적 변수에 따라 토지 가격이 급등하기도 하지만 급락할 수도 있어서 유동성이 부족한 지주들의 경우 간혹 자금경색으로 인해 심각한 곤란을 겪기도 한다.

더욱이 종중은 의사결정이 느리고, 대부분의 재산을 토지와 같은 부동산의 형태로 가지고 있기 때문에 매각시기를 놓치기 십상이고, 보유하고 있는 토지를 합리적으로 관리하지 못하는 경우가 비일비재하다. 예를 들어 종중토지에 마을사람들이 무단으로 건물을 짓고 살거나 세금충당도 안 되는 도지(사용료)를 내고 사용하는 경우가 많은데, 이는 개인소유의 경우보다 그 발생 사례가 훨씬 많다는 점에서 최소한의 관리에만 급급한 종중의 재산관리 실태를 제대로 보여준다고 하겠다.

따라서 토지의 자본으로의 전환을 전향적으로 고려해보는 것이 어떨까 한다. 물론 조상대대로 내려온 토지를 자본으로 전환하는 것이 조상에 대한 예의가 아니라고 여길지 모르겠다. 하지만, 정작 중요한 것은 종중재산의 형태가 아니라 종사를 운영하는 종중원들의 지향점이 아닌가. 모든 종중재산을 자본으로 전환하라는 것이 아니라, 토지와 자본에 대한 보유의 비율을 개별 종중의 필요에 따라 합리적으로 조정하는 것은 종중재산 운영의 효율성 측면에서 반드시 고려해야 할 부분이다.

4. 금융을 통한 종중재산의 발전적 활용

현대자본주의 사회는 금융자본이 산업자본을 지배하는 경향이 크다. 금융산업은 일명 굴뚝산업으로 불리는 제조업이 가져오는 부가가치보다 훨씬 큰 규모의 이익을 창출하는데, 자본주의가 역사 속으로 사라지지 않는 한 이러한 금융의 중요성을 간과해서는 안 된다. 특히 종중의 경우 토지의 형태로만 종중재산을 운용하게 되면 수익보다는 세금, 유지비 등 지출부담이 커져 종중운영이 어려워질 소지가 크다.

현재 대개의 종중들은 종중토지를 매각해 현금화한 다음, 종중원들에게 분배하거나 정기예금으로 관리한다. 전자처럼 현금을 분배하는 것은 분배기준을 둘러싼 분쟁소지가 커서 신중하게 결정해야 할 필요성이 있다. 후자처럼 종중들은 보통 정기예금을 통해 현금자산을 관리하는데, 이러한 현금자산 운용방식은 안정적이기는 하지만 그 수익이 너무 낮기 때문에 바람직하지 않다. 물가상승률에도 미치지 못하는 예금이자를 감안하면 금융기관에게만 이익을 가져다주는 좋지 못한 선택인 것이다. 종중으로서는 안정성과 수익성을 균형 있게 고려한 현금자산 관리방안의 모색이 절실하다.

종중재산을 토지인 고정자산 형태로 관리하는 것도 비합리적이지만, 현금화 한 자산을 안정성만을 고려해 관리하는 것도 지양해야 한다. 선진적인 관리방안은 논외로 하더라도 토지와 금융을 결합하여 운용하는 통상적인 방안만이라도 고려해 보는 것이 바람직하다. 상식적인 수준에서의 관리조차 하지 않는다면 이는 보수적·방어적 관리가 아니라 퇴행적 재산관리라고 봄이 정확한 평가이다.

제4절 종중재산 관리의 합리적 대안

1. 종중재산 관리의 연대성 확보

종중재산의 합리적 운용은 종중재산의 증식이나 종중원들의 단기적 이익을 목적으로 하는 것을 의미하지 않는다. 이미 살펴본 것처럼 종중이 가치공동체로서 지속가능한 발전을 하기 위해서는 물적 기반이 필수적이며, 그 운용방식은 안정성과 수익성을 균형 있게 반영하여야 한다.

종중의 재산관리 측면과 종중의 법인화는 밀접한 관계성을 지닌다. 현재 종중은 비법인사단으로 종중재산은 총유로 간주된다. 그런데 종중법인화가 법제상 실현된다면 종중재산은 종중법인의 소유로 되며, 종중원들은 종중법인의 결정에 따라 공적으로 이익은 향유할 수 있을지언정, 종중원 간 분배의 문제발생은 법규정 내용에 따라 저지할 수 있다. 물론 종중법인이라고 해도 임원진들이 부조리한 결정을 하게 되면 결과적으로 종전보다 전횡이 용이해질 수 있으나, 이는 종중법인 내부의 견제장치와 행정청에 의한 외부 감시장치를 통해 제어할 수 있다고 본다.

문제는 종중재산이 많은 종중과 물적 기반이 약한 종중이 처한 상황이 다르다는 점이다. 전자의 경우에는 토지, 건물, 예금 등 다양한 형태로 운영하면서 위험과 수익원을 다원화하겠지만, 종중의 물적 기반이 약한 종중은 선택의 폭이 좁을 수밖에 없다. 또한 전자의 경우에는 튼튼한 물적 기반을 토대로 외연의 확장을 도모할 수 있으나, 후자의 경우는 의도의 순수성에도 불구하고 존립마저 장담할 수 없다.

만약 우리가 특정 종중의 존립여부에 대해서만 관심을 가진다면, 이러한 논의는 불필요하다. 그러나 우리가 종중 역할 바로 세우기와 전통의 발전적 계승을 목적으로 한다면 종중 간 보조맞추기와 상호연대 네트워크 구축을 놓쳐서는 안 된다. 따라서 개별 종중은 자신이 속한 종사를 우선으로 하되, 다른 종중들과의 공적인 연대가 사회발전으로 이어짐을 소망한다면, 일정부분 경제적 측면에서의 연대도 필요하다고 본다.

즉 종중의 공익법인화를 통해 일정 비율로 분담금을 부담하는 방식으로 종중연합기금을 마련하고, 이를 전통계승과 문화콘텐츠사업의 재원으로 활용하는 것은 어떠한지 제안해본다.

2. 수익형 자산으로의 전환

서울시내 주요 상업지구에 가끔 특정 종중의 소유의 건물들을 발견할 수 있다. 이러한 부동산은 특정 종중이 대대로 내려온 토지를 처분하고 대체 부동산으로 구입한 수익형 재산들이다. 종중은 이렇게 수익형 자산을 마련하게 되면, 종중의 어르신들에게는 생활지원을 하고 미래세대에게는 장학금을 지급한다. 때로는 사회봉사활동까지 하기도 한다. 그런데 아쉽게도 이런 경우는 그리 많지 않고, 대부분의 종중은 종중재산을 둘러싸고 심각한 내홍을 겪기 일쑤이다.

종래의 종중토지들은 아직도 농촌지역이나 도농복합도시에 많이 자리 잡고 있어서 지가상승의 여력에 한계가 있고, 매각하기가 쉽지 않다. 그러다 보니 실제 종중운영 자금은 유력자의 기부나 종중원들의 회비로 충당되는데, 지속성 측면에서 매우 불안하기 마련이다. 그리고 종중토지는 종중원 명의로 명의신탁된 경우가 많아서 이를 정리할 수 있을 때 적법한 절차를 거쳐 신속하게 정리하지 않으면 언젠가 종중분쟁의 원인이 될 수 있다.

따라서 종중 내 어른들이 종중 내 소수의 전횡을 통제가능하고 종중원들이 종중 발전을 위해 합리적 선택을 할 수 있는 경우라면 하루 빨리 종중재산을 종중명의의 수익형 자산으로 전환하는 것이 바람직하다. 이는 향후 발생할지도 모르는 종중 내 재산 분쟁을 사전에 예방하는 합리적 방책이 됨은 설명을 요하지 않는다.

3. 신탁제도의 활용

'신탁'이란 신탁자와 수탁자 간의 신임관계에 기하여 신탁자가 수탁자에게 특정의 재산을 이전하거나 담보권의 설정 또는 그 밖의 처분을 하고 수탁자로 하여금 일정한 자(이하 '수익자'라 한다)의 이익 또는 특정의 목적을 위하여 그 재산의 관리, 처분, 운용, 개발, 그 밖에 신탁 목적의 달성을 위하여 필요한 행위를 하게 하는 법률관계를 말한다(신탁법 제2조).

신탁자는 신탁에 자신의 부동산, 동산, 계좌, 증권, 지적재산권 등 재산적 가치가 있는 것들을 담을 수 있고, 이를 수탁자가 운용하여 수익자에게 이익이 되도록 하는 것을 기본 구조로 한다. 신탁자가 신탁계약의 내용을 결정할 수 있으므로, 신탁자와 수탁자가 수익자에게 이익이 지급되는 과정을 여러 조건을 설정하여 계약의 내용으로 정할 수 있다.

신탁은 다른 제도와는 달리, 권리자 전환기능, 재산 전환기능, 시간 전환기능을 가지고 있다.[1] 먼저 권리자 전환 기능이란 신탁자가 재산의 관리처분권을 수탁자에게, 수익은 수익자에게 분리시킨다는 것을 의미한다. 이러한 기능에 따르면 전문신탁금융사를 수탁자로 삼고, 계약내용에 따라 그 수익을 종중 또는 종중원들에게 돌아갈 수 있게 하는 설계가 가능하므로 재산운영능력이 떨어지는 종중에게 유용하다고 할 수 있다.

또한 종중의 부동산·예금 등의 여러 재산 형태가 신탁수익권이라는 특수한 권리로 바뀌는데 이를 재산 전환 기능이라고 한다. 복잡한 종중재산 구조를 간명하게 한다는 점에서 의미가 있다고 하겠다. 아울러 신탁이익을 향유하는 시점도 다양화할 수 있는데, 이러한 기능을 신탁의 시간 전환기능이라고 한다. 이 모든 내용들은 신탁계약 체결 시 설계에 다를 수 있으므로 신중하게 접근할 필요가 있다.

한편 종중이 종중토지의 적법한 관리 및 활용방안과 관련하여 신탁제도를 활용하거나 회사설립 등의 방법을 모색함에 있어서 전략적인 설계가 필수적으로 요구되는데, 이러한 과정은 세법 등 관련법령에 대한 전문적 지식을 요구한다. 동시에 종중 내부에서 발생할 수 있는 갈등관리를 위해서는 종중특성에 대한 깊은 이해가 뒷받침되어야 한다. 따라서 종중으로서는 관련법령의 전문지식, 종중의 고유성과 특수성을 이해하고 있는 법무법인의 조력을 받는 것도 고려할 필요가 있다.

4. 신용협동조합 제도로의 편입

신용협동조합이란 조합원끼리 상호 유대를 통해 금융 편의를 도모하는 비영리금융기관을 말한다. 신용협동조합제도에 의하면 단체나 지역 등 일정한 공동 유대권에 속한 사람들이 조합을 결성, 공동으로 목돈을 마련하고 필요할 때는 조합원끼리 신용으로 자금을 융통할 수 있다.

신용협동조합은 협동조합 사업의 목적과 조합원의 요구가 일치하기 때문에 조합원의 충성과 헌신, 참여, 지식의 공유 등을 용이하게 이끌어 낼 수 있는 장점이 있다. 또한 이러한 장점은 금융시스템 안정성을 증진시키는 데에 매우 유용해 지속가능성도 매우 높다. 다만 외부자금 조달이나 인재유치, 의사결정의 신속성 확보에는 다소 단점이 있다.

종중의 경우에도 개별종중 중심의 좁은 시각에서 벗어나 종중 연합 차원에서 종중 문제를 인식하고 전통문화로 종중을 발전·계승하기 위해서는 신용협동조합제도를 활용하는 것을 적극 고려할 필요가 있다. 개별 종중 간 종중이 현재 직면한 문제상황을 공유하고 종중의 발전적 변화라는 목적의식이 뚜렷하다면 말이다.

물론 실무적으로 종중이 법정 요건을 충족했다고 하더라도 관계기관의 승인을 얻는 것은 매우 어려울 것이다. 신용협동조합 제도는 제도적 장점에도 불구하고 진입장벽이 매우 높기 때문이다. 결국 신용협동조합제도로의 편입이 가능하기 위해서는 종중관련 법들의 개정과 제정, 종중 간 연대 네트워크 구축이 필요하다고 하겠다.

마 치 며

　이 책을 다 읽고 난 후 화석처럼 취급되던 종중이 깨어나 오늘을 살아가는 우리에게 존재감을 드러내는 건 그 본질론이나 역사적 배경, 그 제도에 자리한 우리의 효의 정서가 아님을 분명히 알게 된다. 단연코 종중이 오늘날 실제인 작용을 하는 것은 종중이 소유한 재산, 그리고 재산을 중심으로 벌어지게 된 대내외적인 분쟁 때문이라고 할 수 있다.

　종중과 관련하여 산적한 수많은 소송은 사실상 이 책의 본문에서 논의한 몇 가지에 집중된다고 할 수 있다. 즉 고질적인 명의신탁에 의한 종중재산 소유와 귀속의 문제, 종중재산의 등기와 명의 문제, 종중재산의 보존과 운영 등에 관한 것이 이에 해당된다. 따라서 종중 소송은 단순하면서 반복적인 성격을 가지고 있는데, 이는 중첩되는 몇 가지를 해결하면 관련 분쟁의 상당수를 해결할 수 있다는 뜻이며, 결국 소송 경제적 측면에서도 불필요한 시간적·금전적 낭비를 막을 수 있는 분명한 길이 있음을 의미하기도 한다.

　이러한 해결책은 결국 입법을 통하여 현실화 할 수 있을 것이다. 법을 개정하거나 제정하는 일은 먼저 국민 전체의 사안에 관한 이해 및 인식 변화와 그 긴요함에 대한 공감대 형성이 선행되어야만 한다. 이 책은 종중 분쟁 및 갈등의 현주소를 제시함과 동시에 그 문제 해결을 위하여 선행되어야 하는 종중에 대한 근본적인 이해와 내용을 전달하고자 하였다. 종중 문제에 대해 비교적 정확하고 알기 쉽게 정보를 전달하여 지금까지 오랜 시간 고수해왔던 여러 가지 제도들의 변화의 필요성을 충분히 알리고 그 대안을 모색하는 기회를 함께 가지게 되기를 희망하는 것이다.

　개별적인 종중은 저마다 다른 성격과 개성을 지니고 있기도 하다. 각

문중이 지닌 고유한 전통과 정신은 우리 모두에게 매우 소중한 유산이다. 하지만 현대에 들어 존재감이 드러나는 종중에 대해 그저 상당한 재산을 보유한 단체로만 비추어지는 것은 무척 안타까운 일이 아닐 수 없다. 이 책의 본문에서 보여주는 것처럼 종중은 사적 조직이지만 전통적으로 공익적인 역할을 그 사회 내에서 담당해왔다. 그 혜택이 설령 그 종중의 후손에 제한적이라 하더라도 종중이 달성하는 공익적인 행위는 매우 큰 영향력을 가질 수 있다. 특히 개인주의와 파편적 핵가족 현상이 극대화된 오늘날 그 역할은 우리 사회에 상당히 긍정적인 효과를 줄 것이라는 점도 기대할 수 있다. 그리고 이 점은 앞으로 고령화 사회에서도 더욱 빛을 발할 수 있을 것이라 생각된다. 이는 우리가 현대를 살아가면서 종중을 되새기며 그 존재 형식 및 재산 귀속 형태의 방향에 대해 모색해 보고자 하는 궁극적인 목적이기도 하다.

특히 이 책을 통해 우리의 고유한 전통인 종중의 가치가 일제시대를 거치면서 왜곡되고 폄하되었다는 것을 알 수 있다. 그리고 그 이후 이에 관한 재정비 없이 거의 그대로 내려오고 있다는 것도 살펴보았다. 지금이 우리가 종중에 대해 바로 알고 그 원형을 되새기며 현대적인 가치에 걸맞은 형태로 법적·제도적인 정비와 변화를 모색하기에 적기가 되는 시점일 것이다.

이 책은 종중에 대한 다양한 문제 제기와 분쟁, 그 본질론과 역사까지 다루면서 비교적 광범위한 내용이 되었다. 그러면서 전문적이고 딱딱한 내용임에도 독자들이 되도록 이해하기 쉽도록 하는 데에 주안점을 두었다. 그러다보니 좀 더 깊이 있게 다루어질 내용과 더 확장된 논의는 의도적으로 다음 기회로 미룬 측면이 없지 않다. 이 점은 다음 개정판에서 보완하도록 할 것이다.

역사와 함께 살아 숨 쉬는 종중이 앞으로 다양한 문화콘텐츠를 통하여 미래세대와 조우하는 즐거운 상상을 하며 이 책을 마무리하고자 한다.

2019년 신록이 푸르른 7월에

미 주

제1장 종중의 기원

1 배병일, "이른바 '조상 땅 찾기 소송'을 둘러싼 민사법적 문제점의 검토", 법학논고 제57권(2017. 2), 120면.

2 대법원 2005. 7. 21. 선고 2002다13850 판결.

3 배병일, "일제하 법령과 조선고등법원판결에 내재하는 종중재산법리의 왜곡", 외법논집 제39권 제1호(2015. 2), 241면 이하.

4 경국대전은 고려 말 이래 각종 법령과 관습법 등을 망라한 법전으로서 조선시대 오랜 기간에 걸쳐서 만들어진 법령집이다.

5 전병훈, 종중의 법적 지위에 관한 연구, 중앙대학교 대학원(2016. 8), 7면 이하.

6 대법원 2005. 7. 21. 선고 2002다1178 전원합의체 판결.

7 대법원 1992. 9. 22. 선고 92다15048 판결.

8 대법원 1992. 7. 24. 선고 91다42081 판결.

9 송민경, "종중 법리의 딜레마 — 대법원 2005. 7. 21. 선고 2002다1178 전원합의체 판결 이후의 문제들 — 종중의 재산관계 소송을 중심으로", 저스티스(2013. 8), 128면 이하.

10 김일회, "종중의 구조와 그 활동에 관한 연구", 사회과학연구 제35집, 19면 이하.

11 이창현, "종중의 자율권과 그 한계", 가족법 연구 제24권 1호, 79면.

12 대법원 1996. 10. 11. 선고 95다34330 판결.

13 대법원 1983. 2. 8. 선고 80다1194 판결.

14 대법원 2006. 10. 26. 선고 2004다47024 판결.

15 대법원 1990. 11. 13. 선고 90다카28542 판결.

16 배병일, "일제하 법령과 조선고등법원판결에 내재하는 종중재산법리의 왜곡", 외법논집 제39권 제1호(2015. 2), 242면 이하.

17 현존하고 있는 가장 오래된 문기인 성종 18년(1487년)의 金孝盧 粘連文記에서 매수인 김효로가 전답을 매도인 선군우령으로부터 매수한 것을 筆執

신종례, 증인 안사역과 김귀손으로부터 다짐을 받은 내용이 등장한다.

18 이러한 입회권은 오늘날 민법상 특수지역권 유사의 성질을 갖는 것으로 판단된다. 즉 각자가 타인의 토지에서 토목, 야생물, 토사의 채취 등 수익을 하는 권리와 유사하다.

19 김문택, "한국적 종중의 형성과 역사적 변천과정 ― 진성이씨의 사례를 중심으로", 한국계보연구 4, 168면 이하.

20 김용욱, "조선조 정치체계의 유지와 붕괴", 한국정치학회보 26(1)(1991. 10), 41면 이하.

제2장   종중의 근대법 질서로의 편입

1 민사관습회답휘집, 73면(1911. 8. 22. 함흥지방재판소장의 조회에 대한 1911. 9. 4. 취조국장관의 회답).

2 진상옥, "종중재산의 귀속과 분배", 토지법학 제33권 제2호(2017. 12. 30), 199면 이하.

3 결수연명부는 1909년에 만들어진 징세대장으로, 한 면내에 소재하는 토지의 결수에 대하여 납세의무자가 신고한 결수신고서를 각 면단위, 각 납세의무자별로 편철한 장부를 말한다.

4 배병일, "일제하 법령과 조선고등법원판결에 내재하는 종중재산법리의 왜곡", 외법논집 제39권 제1호(2015. 2), 248면 이하.

5 조선총독부중추원 1912. 3. 13. 취조국장회답 민사관습회답휘집(1933), 97면.

6 조선총독부중추원 1926. 11. 25. 취조국장회답 민사관습회답휘집(1933), 111면.

7 조선총독부중추원 1914. 4. 15. 취조국장회답 민사관습회답휘집(1933), 181면.

8 조선고등법원 1913. 7. 17.

9 대법원 1984. 3. 13. 선고 83도726 판결.

10 조선고등법원 1927. 9. 23. 연합부 판결.

11 조선고등법원 1915. 9. 28.; 조선고등법원 1916. 10. 27.; 조선고등법원 1917. 11. 13.; 조선고등법원 1918. 6. 11.

12 조선고등법원 1919. 10. 21.

제3장 종중의 구조와 법적 규율

1 대법원 1995. 9. 15. 선고 94다49007 판결.

2 대법원 1994. 9. 30. 선고 93다27703 판결.

3 김용담 외, 주석 민법 제4판, 한국사법행정학회(2010), 76면.

4 종중이 어떤 부동산에 관하여 임대차를 점유매개관계로 하여 간접점유를 취득하였다고 하기 위하여는 그 임대차관계를 성립시킨 자가 사실상으로나마 종중의 대표기관 내지는 집행기관이거나 그 대리인이어야 하고, 종원이 단지 종중과 무관하게 사인의 자격에서 임대한 것에 불과하다면 그 간접점유의 귀속주체는 어디까지나 그 개인일 뿐 종중이 그를 통하여 당해 부동산을 간접점유하였다고 볼 수 없다(대법원 1999. 2. 23. 선고 98다50593 판결).

5 종중이 선조 분묘를 수호 관리하여 온 경우 타인에 의한 그 분묘 등의 훼손 행위에 대하여 종중이 불법행위를 원인으로 한 손해배상청구를 할 수 있다(대법원 1992. 3. 13. 선고 91다30491 판결).

6 김용담 외, 주석 민법 제4판, 한국사법행정학회(2010), 76면부터 77면까지.

7 대법원 1980. 9. 24. 선고 80다640 판결.

8 대법원 1997. 11. 14. 선고 96다25715 판결.

9 대법원 2010. 5. 13. 선고 2009다101251 판결.

10 대법원 2002. 5. 10. 선고 2002다4863 판결.

11 대법원 1999. 2. 23. 선고 98다56782 판결.

12 대법원 2005. 7. 21. 선고 2002다1178 판결.

13 대법원 1994. 11. 11. 선고 95다17772 판결.

14 대법원 1992. 2. 14. 선고 91다1172 판결.

15 대법원 1954. 9. 4. 선고 4286민상107 판결.

16 대법원 1994. 4. 26. 선고 93다32446 판결.

17 대법원 1995. 9. 15. 선고 94다49007 판결.

18 대법원 1992. 8. 18. 선고 92다13875, 13882, 13899 판결; 대법원 1995. 12. 22. 선고 93다61567 판결; 대법원 2011. 9. 8. 선고 2011다38271 판결 등.

19 대법원 1998. 2. 27. 선고 97도1993 판결.

20 대법원 1996. 3. 12. 선고 94다56401 판결.

21 대법원 1991. 1. 29. 선고 90다카22537 판결.

22 대법원 1995. 9. 15. 선고 94다49007 판결.

23 대법원 1998. 7. 10. 선고 96다488 판결.

24 여기서의 원고 종중은 고유종중이 아니라 유사종중으로 이해함이 타당하다.

25 대법원 1982. 11. 23. 선고 81다372 판결.

26 대법원 1996. 2. 13. 선고 95다34742 판결.

27 대법원 2011. 2. 24. 선고 2009다17783 판결.

28 대법원 2008. 10. 9. 선고 2008다41567 판결.

29 대법원 2008. 10. 9. 선고 2008다41567 판결.

30 박정화, "고유 의미의 종중과 종중에 유사한 비법인사단", 재판과 판례 6집 (1997), 49면.

31 송민경, "대법원 2005. 7. 21. 선고 2002다1178 전원합의체 판결 이후의 문제들 — 종중의 재산관계 소송을 중심으로", 저스티스 통권 제137호(2013. 8), 139면.

32 대법원 2005. 7. 21. 선고 2002다1178 전원합의체 판결.

33 김종국, "성과 본의 변경에 따른 소속 종중의 변경여부에 관한 소고", 가족법연구 제23권 제3호(2009), 1면.

34 김종국, "성과 본의 변경에 따른 소속 종중의 변경여부에 관한 소고", 가족법연구 제23권 제3호(2009), 12면.

35 김일회, "종중(宗中)의 구조와 그 활동에 관한 연구", 호서대학교 사회과학연구소사회과학연구 제35집(2016), 30면부터 31면까지.

36 대법원 2002. 5. 14. 선고 2000다42908 판결.

37 대법원 1993. 3. 12. 선고 92다48789, 48796 판결.

38 대법원 1997. 11. 14. 선고 96다25715 판결.

39 대법원 2010. 12. 9. 선고 2009다26596 판결.

40 대법원 1983. 12. 13. 선고 83다카1463 판결.

41 대법원 1997. 11. 14. 선고 96다25715 판결.

42 대법원 1995. 4. 14. 선고 94다12371 판결; 대법원 2000. 2. 11. 선고 99두

2949 판결 등.

43 대법원 2005. 1. 29.자 2004그113 결정.

44 대법원 1992. 5. 12. 선고 92다5638 판결; 대법원 2004. 7. 22. 선고 2004다
    13694 판결 등.

45 대법원 2010. 2. 11. 선고 2009다70395 판결.

46 김일회, "종중(宗中)의 구조와 그 활동에 관한 연구", 호서대학교 사회과학
    연구 제35집(2016), 43면.

47 대법원 1990. 11. 13. 선고 90다카11971 판결.

48 대법원 1992. 2. 28. 선고 91다30309 판결.

49 대법원 2007. 9. 6. 선고 2007다34982 판결.

50 대법원 2007. 9. 6. 선고 2007다34982 판결.

51 대법원 1995. 6. 9. 선고 94다42389 판결.

52 대법원 2009. 10. 29. 선고 2009다45740 판결; 대법원 1993. 3. 9. 선고 92다
    42439 판결.

53 대법원 2007. 9. 6. 선고 2007다34982 판결.

54 대법원 1994. 6. 14. 선고 93다45244 판결.

55 대법원 1995. 11. 7. 선고 94다7669 판결.

56 대법원 1991. 10. 11. 선고 91다24663 판결.

57 대법원 1991. 8. 13. 선고 91다1189 판결.

58 대법원 1998. 11. 27. 선고 97다4104 판결.

59 대법원 1997. 9. 26. 선고 97다25279 판결.

60 대법원 1993. 10. 12. 선고 92다50799 판결.

61 대법원 2001. 10. 12. 선고 2001다24082 판결.

62 대법원 2000. 2. 25. 선고 99다20155 판결.

63 대법원 1994. 11. 22. 선고 93다40089 판결.

64 종중 대표자의 선임이나 종중규약의 채택을 위한 종중회의의 결의의 방법은
    종중규약이나 종중관례에 따르되 종중규약이나 종중관례가 없을 때에는 종
    장 또는 문장이 종중원 중 성년 이상의 자를 소집하여 출석자의 과반수의
    찬성으로 결의하는 것이 일반 관습이며, 종중원의 과반수가 출석하여 그 출

석자의 과반수가 찬성하여야 유효한 결의로 되는 것은 아니다(대법원 1994. 11. 11. 선고 94다17772 판결).

65 종친회의 회칙에 따로 해임사유가 규정되어 있지 아니함에도 임기 중에 있는 회장에 대한 해임을 결의한 것은 실질적으로 회칙의 개정에 해당하고, 위 회칙에 회칙 개정에 필요한 총회의 의결정족수가 따로 규정되어 있지 아니한 이상, 참석회원의 과반수의 의결로써 회칙 개정이 가능하다고 봄이 상당하다(대법원 1998. 10. 23. 선고 97다4425 판결).

66 직선제에 의한 종중의 회장 선출시 의결정족수를 정하는 기준이 되는 출석 종중원이라 함은 당초 총회에 참석한 모든 종중원을 의미하는 것이 아니라 문제가 된 결의 당시 회의장에 남아 있던 종중원만을 의미한다고 할 것이므로 회의 도중 스스로 회의장에서 퇴장한 종중원들은 이에 포함되지 않는다(대법원 2001. 7. 27. 선고 2000다56037 판결).

67 대법원 2009. 1. 15. 선고 2008다70220 판결.

68 대법원 1982. 5. 11. 선고 81다609 판결.

69 대법원 1962. 12. 27. 선고 62다753 판결.

70 대법원 1992. 12. 11. 선고 92다30153 판결.

71 대법원 1995. 11. 7. 선고 94다5649 판결.

72 대법원 1995. 6. 16. 선고 94다53563 판결.

73 대법원 1991. 5. 10. 선고 90다10247 판결.

74 대법원 1991. 5. 10. 선고 90다10247 판결.

75 종중회칙이 종손에게 회장후보자 추천권과 종무위원 선출권을 함께 부여하고 있다는 점만으로 종중의 본질이나 설립 목적에 반하여 무효라고 볼 수 없다고 판단한 사례(대법원 2008. 10. 9. 선고 2005다30566 판결).

76 김재형, 민사판례분석, 박영사(2015), 30면.

77 엄동섭, "법인·단체법의 변천과 과제", 법과 기업 연구 제8권 제2호(2018), 98면.

78 대법원 2000. 10. 27. 선고 2000다22881 판결.

79 헌법재판소는 농업 경영에 이용하지 않는 경우 농지소유를 원칙적으로 금지하고 있는 농지법 제6조 제1항에도 불구하고, 예외적인 경우에는 농지소유

를 허용하면서, 그러한 예외에 종중은 포함하지 않고 있는 구 농지법(2009. 6. 9. 법률 제9758호로 개정되고, 2012. 1. 17. 법률 제11171호로 개정되기 전의 것) 제6조 제2항이 종중의 재산권을 침해하지 않는다고 결정하였다(헌법재판소 2013. 6. 27.자 2011헌바278 결정).

80 대법원 2006. 1. 27. 선고 2005다59871 판결.

81 대법원 2007. 10. 5. 선고 2006다14165 판결.

82 김용담 외, 주석 민법 제4판, 한국사법행정학회(2010), 98면.

83 류창호, "종중의 농지 취득 및 소유에 관한 연구", 아주대 법학 제4권 제2호 (2010), 167~168면.

84 명의신탁을 전제로 한 소유권확인소송의 경우 명의수탁자의 상속인들이 수백 명에 이르는 경우가 비일비재하여 피고 특정이 매우 어렵다.

85 대법원 1976. 5. 11. 선고 75다1427 판결; 대법원 1992. 4. 10. 선고 91다 34127 판결.

86 대법원 1981. 6. 9. 선고 80누545 판결; 대법원 1983. 5. 10. 선고 82누167 판결.

87 대법원 1984. 5. 22. 선고 83누497 판결.

제4장 종중재산의 귀속과 분쟁

1 대법원 1989. 10. 10. 선고 89다카13353 판결.

2 배병일, "일제하 법령과 조선고등법원판결에 내재하는 종중재산법리의 왜곡", 외법논집 제39권 제1호(2015), 250면.

3 조선고등법원 1927. 9. 23. 연합부 판결.

4 대법원 2010. 7. 22. 선고 2009마1948 결정; 대법원 2005. 7. 21. 선고 2002 다1178 전원합의체 판결.

5 대법원 2007. 6. 29. 선고 2005다69908 판결.

6 대법원 1993. 6. 25. 선고 93다9200 판결.

7 대법원 2007. 2. 22. 선고 2006다68506 판결.

8 김상명, "종중의 실체에 따른 종중재산의 법률관계", 제주대학교 법과 정책

제19장 제1호(2013). 124면.

9 대법원 1991. 8. 13. 선고 91다1189 판결.

10 대법원 1986. 9 9. 선고 85다카1311 판결.

11 김홍상, "농지문제에 있어서 부동산실명제의 효과와 그 한계" "공간과 사회 5" 한울(1995), 214면; 이영기, "농지법의 문제점과 개정 방향", "농업정책연 구" 제23권 2호, 한국농업정책학회(1996), 31면.

12 2007. 4. 3. 등기예규 제1177호 「농지의 소유권이전등기에 관한 사무처리지 침」 제4항.

13 대법원 1993. 9. 24. 선고 93다24568 판결.

14 대법원 1972. 10. 31. 선고 72다1154 전원합의체 판결.

15 대법원 1970. 9. 22. 선고 70다1441, 1442 판결.

16 대법원 1994. 10. 17. 선고 94다28048 판결; 대법원 1997. 10. 16. 선고 95다 57029 전원합의체 판결.

17 류창호, "종중의 농지 취득 및 소유에 관한 연구", 아주대 법학 제4권 제2호 (2010), 181면.

18 대법원 2006. 1. 27. 선고 2005다59871 판결.

19 대법원 1992. 12. 24. 선고 92다8279 판결.

20 종중원 명의의 농지에 대하여 종중이 그 종중원을 상대로 한 소유권이전등 기 소송에서 승소판결을 받은 경우 그 판결에 의하여 다른 종중원 명의로의 등기가 가능한지 여부(소극)(제정 2013. 6. 7, 등기선례 제201306−1호, 시행).

21 도로(사도, 마을진입로)로 사용하고 있다는 뜻이 기재된 농지취득자격증명 반려통지서만으로 사실상 농지가 아님을 증명할 수 있는지 여부(제정 2005. 5. 16, 등기선례 제200505−2호, 시행).

22 공부상 지목은 농지이나 실제로는 농지가 아닌 경우 종중명의의 소유권이전 등기 가부(등기선례 5−738, 1997. 4. 22. 등기 3402−290 질의회답).

23 현 농지법(시행 2019. 1. 1, 대통령령 제29421호, 2018. 12. 24. 타법개정) 기준 제6조 제1호.

24 종중이 시효의 완성으로 농지를 취득할 수 있는지 여부(제정 2005. 7. 27, 등기선례 제8−345호, 시행).

25 종중이 기존 위토를 매각하고 새로이 위토 목적으로 농지취득 가부(제정 1997. 4. 3, 등기선례 제5-757호, 시행).

26 기존의 위토가 수용 또는 협의취득되어 그 보상금으로 새로이 농지를 위토로서 구입한 경우, 종중명의로의 소유권이전등기 가능 여부(제정 1999. 4. 30, 등기선례 제6-23호, 시행).

27 이종건, 종중소송실무요론, 법률정보센터, 2012, 247~255면.

28 대법원 2006. 1. 27. 선고 2005다59871 판결.

29 등기선례 6-475; 등기선례 6-23.

30 등기선례 6-570; 등기선례 6-571.

31 등기선례 5-209.

32 등기선례 5-640.

33 신민식·이덕형, "종중재산 관리제도에 관한 연구", 유럽헌법연구 제13호 (2013), 420, 421면.

34 대법원 1973. 2. 13. 선고 72다2297 판결.

35 서울고등법원 1987. 2. 20. 선고 86나747 제9민사부판결.

36 대법원 2009. 5. 14. 선고 2009다1092 판결; 대법원 2000. 9. 26. 선고 99다14006 판결; 대법원 1962. 4. 26. 선고 4294민상1451 판결.

37 대법원 1996. 8. 20. 선고 96다18656 판결; 대법원 2000. 10. 27. 선고 2000다22881 판결.

38 대법원 2000. 10. 27. 선고 2000다22881 판결.

39 대법원 1994. 9. 30. 선고 93다27703 판결.

40 대법원 1994. 1. 14. 선고 92다28716 판결.

41 대법원 2005. 9. 15. 선고 2004다44971 전원합의체 판결.

42 대법원 1983. 12. 13. 선고 83다카1463 판결.

43 대법원 1978. 5. 23. 선고 78다570 판결.

44 대법원 1996. 8. 20. 선고 96다18656 판결; 대법원 2000. 10. 27. 선고 2000다22881 판결.

45 대법원 2008. 10. 9. 선고 2008다41567 판결.

46 대법원 1994. 9. 30. 선고 93다27703 판결.

47 대법원 1989. 2. 14. 선고 88다카3113 판결.

48 대법원 1991. 5. 24. 선고 90도2190 판결.

49 대법원 1991. 11. 8. 선고 91다25383 판결.

50 대법원 1992. 9. 8. 선고 92다18184 판결.

51 대법원 1991. 5. 28. 선고 90다16252 판결.

52 대법원 1992. 9. 14. 선고 91다46830 판결.

53 대법원 1991. 5. 24. 선고 90도2190 판결.

54 배성호, "종중의 본질과 종중재산의 법리에 관한 판례분석", 인권과 정의 통권 제428호(2012), 106면.

55 대법원 1994. 4. 26. 선고 93다32446 판결.

56 대법원 2010. 9. 30. 선고 2007다74775 판결; 대법원 2010. 9. 9. 선고 2007다42310 판결; 대법원 1994. 4. 26. 선고 93다32446 판결.

57 대법원 2010. 9. 9. 선고 2007다42310, 42327 판결; 대법원 2010. 9. 30. 선고 2007다74775 판결.

58 대법원 2003. 6. 27. 선고 2002다68034 판결.

59 대법원 2010. 9. 9. 선고 2007다42310, 42327 판결; 대법원 2010. 9. 30. 선고 2007다74775 판결.

60 대법원 2010. 9. 9. 선고 2007다42310, 42327 판결; 대법원 2010. 9. 30. 선고 2007다74775 판결.

61 대법원 2010. 9. 30. 선고 2007다74775 판결.

62 대법원 2007. 9. 6. 선고 2007다34982 판결.

63 대법원 2010. 9. 30. 선고 2007다74775 판결.

64 대법원 2010. 9. 9. 선고 2007다42310, 42327 판결.

65 서울서부지방법원 2006. 11. 10. 선고 2006가합2070 판결.

66 수원지방법원 2009. 10. 8. 선고 2008가합19235 판결.

67 대법원 2007. 3. 29. 선고 2006다74273 판결; 대법원 1998. 9. 8. 선고 98다13686 판결.

68 강인철, "종중재산을 둘러싼 법적 분쟁에 관한 연구", 저스티스 통권 제119호(2010), 98~99면.

69   대법원 1973. 2. 13. 선고 72다2297 판결; 1977. 6. 28. 선고 76다1580 판결.

70   대법원 2001. 2. 13. 선고 2000다14361 판결.

71   강인철, "종중재산을 둘러싼 법적 분쟁에 관한 연구", 저스티스 통권 제119
     호(2010), 102면.

72   대법원 2001. 2. 13. 선고 2000다14361 판결.

73   대법원 2008. 4. 24. 선고 2007다90883 판결.

74   대법원 2001. 3. 9. 선고 2001다1478 판결.

75   대법원 1997. 10. 10. 선고 95다44283 판결.

76   대법원 1995. 8. 25. 선고 94다20426, 20433(참가) 판결.

77   대법원 1991. 12. 13. 선고 90다14676 판결.

78   대법원 1997. 6. 10. 선고 96다25449, 25456 판결.

79   대법원 1996. 10. 29. 선고 95다56910 판결.

80   대법원 1989. 7. 25. 선고 88다카7207 판결; 대법원 1979. 9. 25. 선고 77다
     1079 전원합의체 판결.

81   대법원 1965. 11. 23. 선고 65다1669 판결.

82   대법원 2001. 10. 26. 선고 2000다8861 판결.

83   강인철, "종중재산을 둘러싼 법적 분쟁에 관한 연구", 저스티스 통권 제119
     호(2010), 106면.

84   대법원 2009. 1. 15. 선고 2006다56121 판결.

85   대법원 2009. 12. 10. 선고 2008다47046 판결.

86   대법원 1963. 9. 19. 선고 63다388 판결.

87   대법원 2008. 3. 27. 선고 2007다82875 판결.

88   대법원 2010. 9. 30. 선고 2007다74775 판결; 대법원 2010. 9. 9. 선고 2007
     다42310, 42327 판결; 대법원 1994. 4. 26. 선고 93다32446 판결.

89   대법원 2005. 7. 21. 선고 2002다1178 전원합의체 판결(별개의견).

90   대법원 2012. 4. 13. 선고 2011다70169 판결.

91   강인철, "종중재산을 둘러싼 법적 분쟁에 관한 연구", 저스티스 통권 제119
     호(2010), 119면.

제5장 소송을 통한 종중재산 분쟁의 해결

1 대법원 1997. 12. 9. 선고 94다41249 판결.

2 대법원 1991. 11. 26. 선고 91다30675 판결.

3 대법원 1997. 12. 9. 선고 97다18547 판결.

4 대법원 1991. 8. 27. 선고 91다16525 판결.

5 씨족의 세계(世系)를 도표식으로 수록한 책. 시조(始祖) 이하 세계의 계통을 수록하여 동족의 발원에 대한 사적(史蹟)과 선조로부터 본인에 이르기까지 휘(諱), 호(號), 사략(史略) 등을 기록하여 종족(宗族)의 근원과 선조의 행적을 밝힘.

6 한 성씨(姓氏)의 시조 이하 동계혈족(同系血族)의 계파(系派)를 한데 모아 집대성한 것으로, 각파의 파조(派祖)는 시조부터 몇 세손이며 어느 대에서 분파되었는지 등을 기록함.

7 시조로부터 어느 한 파속(派屬), 족손(族孫)의 휘자(諱字)와 사적(史蹟)을 수록한 것.

8 한 종파(宗派) 이상이 동보(同譜) 또는 합보(合譜)로 편찬하거나 어느 한 파속만을 수록한 것으로 대부분 동일 계파의 계통만을 수록하며, 세지(世誌)라고도 함.

9 시조 이하 중조(中祖)와 파조를 거쳐 본인에 이르기까지 직계존속만을 수록한 가첩을 말함.

10 가문의 혈족관계를 표시하기 위하여 이름만을 계통적으로 나타낸 도표로서 시조 이하 분파된 각 파조와 본인까지 수록한 것을 말하며, 계열도(系列圖)라고도 함.

11 만성대동보라고도 하며, 각 성씨의 관향(貫鄕), 시조(始祖), 중조(中調), 파조(派祖) 등을 요약하여 수록한 것.

12 대법원 2009. 10. 29. 선고 2009다45740 판결. 여기서 족보는 소집통지 대상이 되는 종중원의 범위를 확정하기 위하여 필요한 것이므로 반드시 사건 당사자인 종중이 발간한 것일 필요는 없고 그 종중의 대종중 등이 발간한 것이

라도 무방하다고 한다.

13 대법원 2000. 2. 25. 선고 99다20155 판결.

14 대법원 1994. 6. 14. 선고 94다14797 판결.

15 대법원 1998. 11. 27. 선고 97다4104 판결.

16 대법원 1993. 9. 14. 선고 92다35462 판결.

17 대법원 1993. 10. 12. 선고 92다50799 판결.

18 각 필지마다 토지소유자, 경계, 지목, 지번을 조사하는 절차. 이를 통하여 '실
지조사부'가 작성된 후 실지조사부를 토대로 '토지조사부'가 작성됨.

구본준, "일제강점기의 사정 토지에 대한 소유권 분쟁에 관한 연구", 7면.

19 타인의 권리에 기초하거나 타인의 권리를 승계하지 않고 독자적이고 완전한
권리를 새로이 취득한다는 의미로, 부담이나 하자와 같은 흠이 없는 권리를
취득함을 이른다. 이와 대비되는 용어로 '승계취득(承繼取得)은 타인의 권리
에 기초하여 그 권리의 흠과 하자를 모두 승계받는 취득을 의미한다.

20 조선총독부 임시토지조사국의 토지조사사업보고서도 "토지조사사업 이전에
있어서 모든 사유는 사정(査定)에 의하여 일체 단절되는 것으로 한다."라고
기술하고 있다(朝鮮總督府 臨時土地調査局 編, 「朝鮮土地調査事業報告書」,
朝鮮總督府 臨時土地調査局, 1919, 412面): 김성욱, "지적공부와 부동산등
기부의 법적 효력과 관할기관에 대한 고찰", 「地籍」(제42권 제2호, 2012),
107면에서 재인용.

21 대법원 1990. 5. 22. 선고 89다카22777 판결; 대법원 1993. 10. 12. 선고 93
다30037 판결.

22 대법원 1989. 10. 24. 선고 88다카9852, 9869 판결.

23 대법원 2003. 2. 28. 선고 2002다46256 판결.

24 대법원 1995. 4. 28. 선고 94다23524 판결; 대법원 1997. 4. 25. 선고 96다
53420 판결; 대법원 1999. 2. 23. 선고 98다59132 판결.

25 대법원 1991. 10. 11. 선고 91다20159 판결.

26 대법원 2005. 5. 26. 선고 2002다43417 판결.

27 이 법은 1978년(시행기간 6년), 1993년(시행기간 2년), 2006년(시행기간 2
년) 세 차례 시행되었다.

28 시·구·읍·면장이 해당 부동산소재지 동·리에 대통령령이 정하는 기간 이상 거주하고 있는 사람 중에서 보증인으로 위촉하는 자(부동산소유권 이전등기 등에 관한 특별조치법 제10조).

29 대법원 1989. 8. 8. 선고 88다카6242 판결; 대법원 1987.10.13. 선고 86다카2928 판결.

30 공간정보의 구축 및 관리 등에 관한 법률 제2조 제19호.

31 토지대장은 고유번호와 토지소재지 주소, 지번 등을 표시하는 상단 표제부, 토지의 지목, 면적, 권리 관계 변동 사유 사실 등을 기록하는 '토지표시'란, 변동일자 및 변동원인 기재란, 토지 소유자의 성명 및 주소를 기록하는 '소유권' 란으로 이루어져 있다. 그리고 소유자가 여러 명인 경우 공유지연명부에 공유자들의 이름과 주소가 기재되어 있다.

32 대법원 1997. 10. 24. 선고 95다33283 판결.

33 "지적법 제9조, 제15조, 부동산등기법 제130조의 규정취지를 종합하여 보면 토지대장등본에 토지의 소유자로 등재되어 있으면 토지의 소유권의 귀속에 관하여 추정을 받는 자료가 된다고 할 것이므로 토지대장등본에 토지의 소유자로 등재되어 있는 자는 반증이 없는 한 그의 소유토지로 추정을 받을 수 있다." 대법원 1976. 9. 28. 선고 76다1431 판결.

34 대법원 2002. 2. 22. 선고 2001다78768 판결, 같은 취지로, 대법원 2004. 9. 3. 선고 2003다3157 판결.

35 같은 취지로, "1947. 7. 3. 시행하던 토지대장규칙 제2조에 의하면 국유지의 불하, 교환, 양여 또는 미등기 토지의 수용에 인한 경우나 미등기 토지를 국유로 하는 경우 외에는 등기공무원의 통지가 있기 전에는 토지대장에 소유권의 이전을 등록하지 못하게 되어 있으므로 이 사건 토지의 등기부 등이 멸실되었고 토지대장에는 원고 명의로 소유권이 이전된 것으로 등기되어 있었다면 특별한 사정이 없는 한 그 등기부가 멸실된 당시 현재로 이 사건 토지에 관한 소유권자로 등기된 자는 원고였다고 보지 않을 수 없다." 대법원 1990. 3. 27. 선고 89다카26601 판결.

36 "구 토지대장규칙(1914. 4. 25. 조선총독부령 제45호) 시행 당시인 1942. 5.

29. 토지대장에 소유권이전등록이 되어 있다면 당시 이미 그 명의자 앞으로 소유권이전등기가 마쳐져 있었고 따라서 그 무렵 소유권을 취득하였음을 의미한다." 대법원 1993. 2. 26. 선고 92다3083 판결.

37 대법원 1997. 12. 26. 선고 97다39742 판결.

38 구 민법 부칙 제10조(소유권이전에 관한 경과규정) ① 본법 시행일전의 법률행위로 인한 부동산에 관한 물권의 득실변경은 이 법 시행일로부터 6년내에 등기하지 아니하면 그 효력을 잃는다.<개정 1962. 12. 31, 1964. 12. 31>

39 대법원 1994. 11. 11. 선고 94다14933 판결.

40 대법원 1992. 1. 21. 선고 91다6399 판결. 같은 취지로, 대법원 1981. 12. 22. 선고 78다2278 판결; 대법원 1995. 8. 22. 선고 95다16493 판결; 대법원 2009. 5. 28. 선고 2009다18472 판결 등.

41 부동산등기법(시행 2017. 10. 13, 법률 제14901호, 2017. 10. 13, 일부개정 기준) 제65조.

42 대장상 종중명의로 소유자 복구된 미등기 토지의 소유권보존등기(제정 1997. 12. 2. [등기선례 제5-459호, 시행]).

43 대법원 1992. 6. 26. 선고 92다12216 판결; 1997. 2. 14. 선고 96다48008 판결 등 참조.

44 대법원 1999. 2. 26. 선고 98다17831 판결.

45 대법원 1992. 1. 21. 선고 91다6399 판결.

46 대법원 1995. 9. 15. 선고 94다27649 판결.

47 대법원 1979. 2. 27. 선고 78다913 판결.

48 배병일, "이른바 '조상땅 찾기 소송'을 둘러싼 민사법적 문제점의 검토", 법학논고 57(2017. 2), 126면.

49 대법원 2010. 8. 19. 선고 2010다33866 판결.

50 대법원 2007. 7. 26. 선고 2006다64573 판결("총유재산에 관한 소송은 비법인사단이 그 명의로 사원총회의 결의를 거쳐 하거나 또는 그 구성원 전원이 당사자가 되어 필수적 공동소송의 형태로 할 수 있을 뿐이며, 비법인사단이 사원총회의 결의 없이 제기한 소송은 소제기에 관한 특별수권을 결하여 부

적법하다”).

51 대법원 2005. 9. 15. 선고 2004다44971 판결.

52 대법원 1991. 12. 10. 선고 91다14420 판결.

53 대법원 1995. 10. 12. 선고 95다26131 판결.

54 대법원 2003. 12. 12. 선고 2002다33601 판결; 대법원 1993. 9. 14. 선고 92
    다24899 판결; 대법원 1995. 7. 25. 선고 95다14817 판결; 대법원 1994. 3.
    11. 선고 93다57704 판결; 대법원 2009. 10. 15. 선고 2009다48633 판결 등.

55 대법원 1993. 8. 24. 선고 92다43975 판결; 대법원 1995. 9. 5. 선고 95다
    14701, 95다14718(참가) 판결 등.

56 대법원 1979. 4. 10. 선고 78다2399 판결.

57 인천지방법원 2008. 6. 13. 선고 2007가단123218 판결.

58 대법원 2009. 10. 15. 선고 2009다48633 판결.

59 대법원 2010. 11. 11. 선고 2010다45944 판결; 대법원 2010. 7. 8. 선고 2010
    다21757 판결.

60 대법원 2016. 10. 27. 선고 2015다230815 판결.

61 서울중앙지방법원 2003가단366443 판결.

62 대법원 2011. 11. 24. 선고 2011다56972 판결; 대법원 2011. 10. 27. 선고
    2011다46739 판결 등.

63 대법원 1995. 8. 25. 선고 94다20426, 20433(참가) 판결.

64 대법원 1998. 9. 8. 선고 98다13686 판결; 대법원 1994. 10. 25. 선고 94다
    29782 판결; 대법원 1997. 2. 25. 선고 96다9560 판결 등.

65 대법원 1998. 9. 8. 선고 98다13686 판결; 대법원 2009. 10. 29. 선고 2008다
    37247 판결 등.

66 대법원 1998. 9. 8. 선고 98다13686 판결.

67 대법원 2006. 8. 24. 선고 2006다20023 판결.

68 대법원 2001. 2. 13. 선고 2000다14361 판결.

69 대법원 1995. 7. 11. 선고 94다48820 판결.

70 대법원 2001. 7. 13. 선고 2001다17572 판결.

71 대법원 1970. 2. 10. 선고 69다2013 판결.

72 대법원 1999. 2. 23. 선고 98다59132 판결.

73 대법원 1993. 9. 14. 선고 93다12268 판결.

74 대법원 2005. 5. 26. 선고 2002다43417 판결.

75 대법원 1997. 4. 25. 선고 96다53420 판결.

76 대법원 1991. 5. 28. 선고 91다5716 판결.

77 대법원 2006. 9. 28. 선고 2006다22074, 22081 판결.

78 대법원 2001. 7. 13. 선고 2001다17572 판결.

79 대법원 1987. 11. 10. 선고 85다카1644 판결; 대법원 2002. 4. 26. 선고 2001
다8097, 8103 판결.

제6장 종중재산의 관리와 종중의 미래

1 김종원, 민사신탁의 활용과 세무, ㈜영화조세통람, 2018, 16~18면.

사항색인

공저자 약력

김찬우 (전)법무법인 성우 대표변호사
김남기 법무법인(유한)산우 변호사
심재운 법무법인(유한)산우 변호사
한성경 법무법인(유한)산우 변호사
임경숙 법무법인(유한)산우 변호사
박해선 고려대학교 법학연구원 연구원

종중재산의 관리 및 운용

초판발행   2019년 7월 30일
초판2쇄발행   2019년 10월 15일
초판3쇄발행   2022년 1월 10일
초판4쇄발행   2022년 10월 25일
초판5쇄발행   2024년 4월 5일

지은이   김찬우·김남기·심재운·한성경·임경숙·박해선
펴낸이   안종만·안상준

편 집   이승현
기획/마케팅   임재무
표지디자인   조아라
제 작   우인도·고철민

펴낸곳   (주) **박영사**
           서울특별시 금천구 가산디지털2로 53, 210호(가산동, 한라시그마밸리)
           등록 1959. 3. 11. 제300-1959-1호(倫)

전 화   02)733-6771
f a x   02)736-4818
e-mail   pys@pybook.co.kr
homepage   www.pybook.co.kr
ISBN   979-11-303-3426-4   93360

정 가   22,000원